L'exploration et la conquête de l'Afrique

Alfred Jacobs

L'exploration et la conquête de l'Afrique

L'histoire d'un continent

Editions Le Mono

Collection «*Les Pages de l'Histoire*»

Connaître le passé peut servir de guide au présent et à l'avenir.

© Editions Le Mono, 2016

ISBN : 978-2-36659-232-0
EAN : 9782366592320

Chapitre 1

Les sources du Nil et l'Afrique équatoriale

L'Afrique a été le théâtre d'un grand nombre de voyages qui, à toutes les extrémités et dans l'intérieur de ce continent, ont amené d'importantes découvertes. La page blanche où si longtemps les géographes écrivirent : *terre inconnue*, se remplit de villes et de nations nouvelles. Des cours d'eau s'y dessinent, de grands lacs s'y révèlent, des montagnes y apparaissent avec leurs pics chargés de neiges jusque sous l'équateur. Enfin c'est un monde entier qui s'ajoute aux conquêtes de la géographie, et qui s'entr'ouvre à l'industrieuse activité, aux influences civilisatrices des nations européennes.

De nombreuses questions se posaient alors. Avec ses populations misérables et peu laborieuses, l'Afrique sortira-t-elle de sa longue enfance ? Verra-t-on un jour ses peuples se dégager du chaos où, depuis tant de siècles, ils sont plongés, s'associer à la vie intellectuelle, à l'activité, à la régulière ordonnance de nos sociétés, et compter enfin au nombre des nations civilisées ? Cette question ne pourra être pleinement résolue que lorsque nos missionnaires et nos voyageurs, répandus sur la surface de cette grande terre, auront partout soulevé le voile mystérieux dont elle s'enveloppe encore. L'étude du territoire africain, malgré de notables et récents progrès, est loin d'être terminée ; mais chaque pas fait dans la voie ouverte en ce moment par d'intrépides voyageurs nous rapproche de l'époque où des notions certaines et complètes sur l'Afrique pourront être recueillies et classées par la science européenne.

Jusqu'à la fin du XVIIIe siècle, l'Afrique intérieure resta à peu près inexplorée. Les anciens ne connurent guère du continent africain que l'Égypte, les régions vaguement désignées sous le nom d'Ethiopie et le littoral méditerranéen. Le moyen âge accumula les révolutions sur les rivages septentrionaux de l'Afrique sans rien ajouter à nos connaissances géographiques. Enfin les heureuses expéditions de Barthélémy Diaz et de Vasco de Gama vinrent compléter des notions lentement recueillies sur le rivage de l'Afrique, et les nations maritimes ne tardèrent pas à couvrir de leurs comptoirs l'immense littoral africain. L'intérieur du continent devait-il seul échapper aux investigations des voyageurs, et ne pouvait-on acquérir enfin des connaissances précises sur ces nations, sur ces villes, sur ces fleuves dont les noms ne parvenaient à l'Europe qu'environnés de fables et de mystères ? Résoudre, en indiquant les sources du Nil, un problème aussi vieux que le monde, descendre jusqu'à son embouchure le grand fleuve de la Nigritie, marquer la position de Tombouctou, visiter dans le Soudan un grand lac dont l'existence était vaguement signalée, tels furent les premiers vœux de la géographie. Le sentiment de curiosité qui venait de naître, encouragé par les espérances du commerce et secondé par l'esprit d'aventures qui caractérise les peuples de l'Europe occidentale, donna la première impulsion à ce grand mouvement d'explorations et de voyages qui a fait tant de nobles victimes, mais dont nous voyons le développement extrême, et dont les prochaines générations seront sans doute appelées à recueillir les fruits.

Au prix de quelles souffrances s'accomplirent ces conquêtes de la géographie en Afrique, le sort de la plupart des voyageurs l'a fait assez connaître, et ce n'est jamais sans une émotion profonde que l'esprit se reporte à ces aventureuses entreprises auxquelles Houghton, Mungo-Park, Hornmann, Oudney, Clapperton, Laing, Caillié, Lander et tant d'autres ont attaché leurs noms tristes et glorieux. On a trop de fois redit ce qu'il fallut à ces nobles voyageurs de dévouement et de courage opiniâtre pour qu'il soit nécessaire de le rappeler ici. Nous nous proposons simplement de retracer les résultats des dernières explorations dont l'Afrique a été le théâtre.

Si ce continent a si longtemps échappé à nos investigations, c'est son étrange conformation topographique qu'il faut surtout en accuser. On comprend quels obstacles une masse compacte, qui n'est découpée par aucune mer extérieure, doit opposer à l'exploration. Aussi, lorsque les étrangers ont voulu pénétrer au sein de cette terre que la nature semblait s'être plu à rendre inaccessible, leur a-t-il fallu, plus que partout ailleurs, se grouper autour des lacs et suivre le cours des fleuves, chemins longs et périlleux, mais les seuls qui pussent ouvrir devant eux de vastes espaces. Les expéditions européennes se sont partagé l'Afrique comme par bassins. L'expédition anglo-germaine de Richardson, Overweg, Barth et Vogel a sillonné en tous sens les régions qu'arrosent le lac Tchad, le Niger et la Tchadda, pendant que MM. Livingston, Galton, Andersson, s'appliquaient, dans leurs aventureuses excursions à travers l'Afrique australe, à relever la vallée du Chobé (Zambèze supérieur) et à reconnaître le lac N'gami et ses affluents. Le Haut-Nil a vu de son côté nombre d'expéditions qui toutes se proposaient d'éclaircir le mystère de son origine, et qui semblent toucher à leur terme. Arrêtons-nous à ce dernier ordre de problèmes. Les difficultés opposées aux explorateurs du Nil, et qui nous amèneront à parler des derniers résultats obtenus dans l'Afrique équatoriale, suffiront pour montrer dans toute leur diversité les conditions imposées aux voyageurs européens en Afrique.

I – Le Nil-Bleu

Un des hommes qui, dans la seconde moitié du dernier siècle, se sont le plus passionnés pour les voyages et les découvertes géographiques, avait dès son enfance résolu de consacrer sa vie à la recherche des sources du Nil. Il ne se laissa rebuter par aucune difficulté ; il remonta le fleuve égyptien plus haut qu'on ne l'avait fait avant lui, puis il se dirigea avec une caravane à travers des régions inconnues, des tribus barbares. Il pénétra au sein de l'Abyssinie, vaste contrée que dix explorateurs célèbres ont vue de nos jours, mais que de pauvres jésuites portugais avaient seuls encore visitée. Enfin, après bien des peines et des fatigues, l'Anglais Bruce put croire qu'il avait touché le but de ses recherches. L'Europe proclama qu'il avait trouvé les sources mystérieuses, et lui-même se crut le droit d'écrire : « Enfin je suis parvenu à ce lieu qui a défié le génie, l'intelligence et le courage de tous les peuples anciens et modernes pendant plus de trente siècles. Des rois à la tête de leurs armées essayèrent de le découvrir, et tous échouèrent. Renommée, richesses, honneurs, ils avaient tout promis à celui de leurs sujets qui atteindrait ce but envié, et pas un n'a pu l'atteindre. »

Quatre-vingt-cinq ans se sont écoulés depuis que Bruce célébrait ainsi sa gloire et son triomphe, et ces sources du Nil, qu'il croyait avoir trouvées, nous les cherchons encore Bruce avait vu les

11

sources du Nil-Bleu, et ce fleuve n'est que l'affluent du vrai Nil.

Au midi du lieu où le voyageur français Frédéric Cailliaud retrouva en 1821 l'emplacement de l'antique Méroé, sous le 15ᵉ degré de latitude nord, le Nil, qui n'a encore reçu qu'un seul affluent, l'Atbara, sur sa rive droite, se divise en deux larges branches. L'une, la plus orientale, porte le nom de *Bahr-el-Azrak* ; elle coule en général sur un fond de roche, et sa limpidité lui a fait donner le nom de Nil-Bleu. L'autre, *Bahr-el-Abiad*, roule ses eaux dans un lit argileux qui leur communique une couleur laiteuse : c'est le Nil-Blanc.

Le Nil-Bleu traverse le lac Dembea ou Tsana, contourne les montagnes de l'Abyssinie, arrose cette contrée dans sa partie méridionale et traverse le Fazogl et le Sennâr. Au confluent des deux fleuves s'élève la ville de Khartoum, que le vice-roi d'Égypte Méhémet-Ali fit bâtir vers 1824 pour assurer sa domination sur les régions situées entre les deux Mis. En 1829, Khartoum ne se composait encore que d'une trentaine de huttes en bois et en terre ; mais cette ville a récemment pris une grande extension, et un voyageur anglais qui la. visita il y a six ou sept ans, sir George Melly, ne lui donne pas moins de trente mille habitants, tous musulmans, moins une douzaine de juifs et une cinquantaine de chrétiens attachés à la mission catholique que l'Autriche y entretient, et qui se compose de trois prêtres. « Ces missionnaires, dit le voyageur, ont une jolie petite chapelle, une école composée d'une vingtaine d'enfants dont les visages offrent toutes les nuances, du blanc rosé au noir d'ébène, presque tous savent lire et écrire, et parlent le français et l'italien.» Vue de la rivière, Khartoum apparaît comme une longue muraille de terre surmontée de quelques constructions ; la résidence du gouverneur, l'ancien bâtiment de l'état, la chapelle et la mission catholique sont les plus apparentes. Autour des habitations s'étendent de vastes jardins plantés d'orangers, de grenadiers, de figuiers, de bananiers, de cannes à sucre. Le bazar est approvisionné de marchandises de Manchester. Au-dessous de Khartoum, à la distance d'un degré environ, se trouve la ville de Sennâr où fut assassiné en 1705 le Français Du Roule, qui se rendait en Abyssinie comme ambassadeur de Louis XIV. Cette ville, autrefois la plus importante de toute la région, avait encore neuf mille habitants lorsque Cailliaud la visita ; sa population a diminué depuis de plus de moitié par suite des ravages et des massacres de l'expédition égyptienne, ainsi que par la fondation de Khartoum. Beaucoup de maisons détruites il y a une trentaine d'années n'ont été remplacées que par des huttes en terre et des cabanes de paille.

L'un des derniers explorateurs du Nil-Bleu a été Méhémet-Ali. Le vice-roi, séduit par l'espérance de trouver de riches mines d'or au Fazogl et au Bertât (ce pays est situé entre les deux Nils au sud de

Sennâr), dirigea en personne une première expédition sur l'Azrak en 1839. Ses recherches demeurèrent sans résultats, et il dut reconnaître que l'or, qui forme en effet au Fazogl un objet de commerce important, provient de contrées plus lointaines. Toutefois, si le vice-roi n'atteignit pas le but qu'il s'était proposé, son expédition ne fut pas stérile : la géographie lui dut de nouveaux et précieux détails sur l'aspect des régions que le Nil-Bleu parcourt.

Entre Khartoum et Sennâr, le fleuve, bien que souvent intercepté par des bancs de sable, est navigable pour les petits bâtiments égyptiens. Le paysage devient plus agreste à mesure que l'on s'enfonce dans les contrées plus méridionales. Des tamarins, des acacias, des arbres particuliers aux régions du tropique, bordent les rives. De loin en loin, quelques habitants du Sennâr mènent au fleuve leurs brebis et leurs dromadaires, et plus fréquemment aussi des zèbres et des chamois descendent ou bondissent en troupes sur la rive du Nil-Bleu. Le long des lies et sur les rochers, des crocodiles chauffent au soleil leur corps informe, et attendent patiemment une proie, ou plongent avec rapidité au bruit que font les barques en passant. Le bourg de Kamlin, au sud de Khartoum, possède le seul établissement manufacturier de ces régions : c'est une fabrique de sucre, de rhum et de savon. Ouad-Medina, vers l'embouchure d'une rivière appelée Ragat, renferme une population de quatre mille âmes, chiffre assez considérable pour une ville du Sennâr.

Au-delà de ce lieu, l'expédition de Méhémet-Ali vit d'innombrables bandes de grues qui passaient à tire-d'aile au-dessus des bateaux, et se dirigeaient du sud vers le nord. Cette émigration fuyait la chaleur et les pluies diluviennes. Des pintades et du menu gibier s'échappaient à chaque instant des buissons qui garnissaient les rives ; les branches des arbres étaient chargées d'oiseaux au plumage éclatant, tandis qu'au-dessous grimaçaient, en gambadant de mille manières, une foule de singes. Ces animaux s'apprivoisent facilement, et forment un objet de commerce assez considérable. Pour les prendre vivants, voici le procédé singulier dont les habitants font usage. Sous un arbre fréquenté par les singes, ils disposent une cruche en bois pleine d'une sorte de bière à laquelle est mélangé du miel. Les quadrumanes boivent à longs traits cette liqueur qui les enivre ; alors apparaît le preneur de singes, qui s'empare de tous ceux que l'ivresse a couchés à terre. Les bords du, Nil-Bleu sont, fréquentés par des lions, des éléphants, des hyènes, et par des serpents, des scorpions, enfin toutes les bêtes venimeuses que produisent en abondance ces régions tropicales.

À une distance de trois journées au sud de Sennâr s'élève Roseros, ville qui compte trois mille habitants, en partie noirs, et qui est bâtie, dans un site pittoresque, près du Nil-Bleu, dont un épais fourré de palmiers la sépare. La végétation équatoriale s'y développe dans toute sa splendeur. Vers l'horizon, du côté du sud, s'étend une chaîne, de montagnes voilées par une brume bleuâtre. Une cataracte interrompt en cet endroit la navigation du Nil-Bleu, et à une distance de quelques journées de marche vers le sud, le Sennâr fait place au Fazogl.

Les habitants du Sennâr ne forment pas un peuple distinct : on retrouve en eux le mélange des Nubiens, des Arabes, des Égyptiens, avec les nègres indigènes ; de là une grande diversité de nuances dans le sang et la couleur des habitants de toute cette région, et aussi une variété de physionomie résultant de ce que le nez est plus ou moins épaté, les lèvres plus ou moins saillantes, le front déprimé, les cheveux laineux. Il y a beaucoup de grands et beaux hommes, et la plupart des femmes sont admirablement bien faites. Le costume des deux sexes consiste dans une pièce de toile blanche attachée en ceinture à l'une de ses extrémités, puis ramenée et drapée sur tout le corps. Dans l'intérieur du logis, les femmes se contentent de porter un morceau de coton formant une sorte de jupe qui leur tombe sur les genoux. Les hommes ne sont pas mieux vêtus ; c'est seulement pour sortir que les uns et les autres s'enveloppent dans leur toile. La plupart des pauvres gens n'en ont qu'une seule, et ne la quittent pour une autre que lorsqu'elle tombe en lambeaux. Des sandales en cuir, a bouts arrondis et quelquefois pointus, sont la chaussure usuelle, et comme la pièce de toile dont les Sennâriens s'enveloppent le corps, comme leur coiffure, comme le visage de la plupart d'entre eux, cette partie du costume n'a pas changé depuis trois ou quatre mille ans. Elle est telle encore qu'on la trouve dessinée sur les obélisques et les hypogées de Méroé et de la Nubie. Les cheveux sont réunis en une infinité de petites tresses avec lesquelles on en forme de plus grosses qui sont rassemblées sur le sommet de la tête. Pour objets de parure, les Sennâriennes portent de la verroterie de Venise et des bracelets d'argent, de fer ou d'ivoire. Les jeunes filles ont pour tout vêtement une ceinture appelée *rahadh*, de laquelle pendent des lanières de cuir en guise de franges, et ornée de petites coquilles univalves vulgairement connues sous le nom de *cauris*, ou monnaie de Guinée, et d'un gros coquillage dit *peau de tigre*, qui est le symbole de leur virginité. Dès qu'elles deviennent nubiles, elles y ajoutent une touffe rouge en peau ou en soie.

La lance, le sabre à deux tranchants, le bouclier long de peau de crocodile ou de rhinocéros, sont les armes qu'emploient les Sennâriens. Toutefois un certain nombre d'entre eux commencent à posséder des fusils. Pour ces hommes, comme pour la plupart des autres peuples sauvages, le courage est la première des vertus. À l'époque où les Égyptiens exercèrent contre les habitants du Sennâr les plus cruelles représailles pour les punir de leur révolte, on vit un grand nombre d'entre eux déployer au milieu des tortures la même énergie que les Indiens de l'Amérique au temps de Pizarre et de Cortez. Beaucoup moururent sous le bâton ou sur le pal sans qu'on pût leur arracher une plainte. M. Cailliaud raconte qu'il eut un jour le courage de vaincre sa profonde répugnance et d'assister aux tortures des Sennâriens empalés. Il s'agissait de deux chefs rebelles. L'un d'eux eut un moment de faiblesse, il demanda à avoir la tête tranchée ; mais sur un mot de son compagnon il se tut et demeura impassible. Cependant les exécuteurs leur avaient lié les mains, puis les avaient jetés à plat ventre et leur avaient passé le cou entre deux gros piquets fichés en terre qui servent de point d'appui pour les épaules. Deux exécuteurs saisirent chacun des patients par un pied en tirant fortement à eux, pendant que d'autres introduisaient dans le fondement un pieu en bois et l'enfonçaient à coups de massue. Cet instrument n'est aiguisé qu'à ses extrémités ; dans tout le reste de la longueur, il est plus gros que le bras. Lorsqu'il est arrivé dans la région du cou, les exécuteurs le dressent et le plantent comme un mât ; L'un des deux malheureux au supplice desquels M. Cailliaud assistait donna des signes de vie, en remuant la tête et les bras, plus de dix minutes après son exécution ; l'autre sembla mourir immédiatement, quelque organe vital avait dû être lésé. Pendant toute la durée du supplice, aucun des deux ne proféra un cri, ne dit un mot.

Les superstitions sont nombreuses au Sennâr. Si quelqu'un, dans une famille, meurt subitement sans être tombé victime d'une vengeance ostensible, c'est qu'il a été tué par le *sahar*. Le sahar est un sorcier qui peut, à sa fantaisie, revêtir la forme humaine la plus séduisante ou se transformer en crocodile et en hyène ; il se nourrit de sang humain, et, pour faire mourir une personne, il lui dévore intérieurement le cœur, le foie ou les entrailles. Par bonheur, il y a les *fakih* ou *angari* qui connaissent à des marques certaines ces hommes-démons, et qui les désignent à la vengeance publique. Le Sennârien dont la femme est enceinte doit bien se garder de tuer un animal, car son enfant périrait dans le sein de sa mère. L'une des plus remarquables singularités de ce peuple lointain, c'est qu'on retrouve chez lui, dans certaines circonstances, une sorte de jugement de Dieu analogue à celui que les Germains introduisirent autrefois dans la Gaule. Avant l'invasion égyptienne, quand une femme en accusait publiquement une autre de se prostituer, celle-ci pouvait demander l'épreuve du feu. Trois fers de hache étaient jetés dans un brasier ardent, et chacune à son tour les tirait du feu. Celle que la souffrance faisait défaillir était jugée coupable, mise aussitôt à mort et enterrée sans pompe ; l'autre au contraire recevait de nombreux présents.

Verser des larmes est au Sennâr et aussi dans toute la Nubie la plus digne manière d'honorer les morts. Bien longtemps après les funérailles, les parents pleurent celui des leurs qui n'est plus, et à des intervalles qui reviennent régulièrement ils font retentir de cris et de gémissements leur demeure, en frappant en même temps avec des bâtons sur des calebasses renversées dans des vases pleins d'eau, conviant par cet appel funèbre leurs amis à venir partager leur douleur. Les circonstances heureuses et surtout les mariages, dont les fêtes durent sept jours, se célèbrent par des festins dans lesquels figurent, avec le *merisse* et le *bilbil*, liqueurs tirées des graines que le sol produit, des quartiers de mouton, de bœuf et de chameau. Les viscères de ces animaux en sont jugées les parties les plus délicates et les plus nobles. On les mange crus ou assaisonnés de *chetetah*, poivre rouge d'une âcreté intolérable pour des palais européens.

On appelle du nom de Fazogl toute la région montagneuse comprise entre le Nil-Bleu et le Toumat, l'un de ses affluents de la rive gauche. Ce pays n'est habité que par des nègres aux cheveux crépus, aux grosses lèvres, aux pommettes saillantes. La ville, ou pour mieux dire le village capital du Fazogl, s'appelait anciennement Kery ; depuis 1849, il s'appelle Méhémet ou Mohammed-Ali-Polis. Le vice-roi, voulant laisser un souvenir de son passage dans ce lieu qui marquait le terme de son expédition, lui donna son nom.

En 1848, Méhémet-Ali, renouvelant ses tentatives pour découvrir des mines d'or, chargea un officier russe, M. Koyalevski, de remonter non-seulement le fleuve Bleu ; mais encore le Toumat, son affluent occidental. L'officier russe était accompagné d'un jeune Français, M. Trémaux. Jusqu'à Kery, les voyageurs ne s'écartèrent pas de l'itinéraire suivi par la précédente expédition. M. Kovalevski raconte une anecdote qui peut servir à peindre les mœurs de ce pays. En passant à Sennâr (à son retour), le voyageur fut invité par le cheikh à faire visite à sa femme, la princesse Nasr, souveraine de la contrée avant l'occupation égyptienne. L'ancienne reine du Sennâr avait su se concilier la bienveillance du terrible gouverneur de son pays, le gendre de Méhémet-Ali, que ses cruautés ont rendu fameux. Elle conservait une certaine influence, et la plupart des voyageurs égyptiens avaient coutume de venir lui demander l'hospitalité, certains de trouver à discrétion chez elle des boissons fortes et des femmes. La demeure où l'officier fut reçue, et qui était décorée du titre de palais, était composée de plusieurs maisonnettes réunies. Après un souper passable et lorsque l'heure de la retraite fut venue, un officier de la princesse conduisit l'étranger dans un pavillon disposé pour le recevoir. Grande fut la surprise de celui-ci, en pénétrant dans sa chambre à coucher, d'y voir debout, adossées à la muraille, un essaim de beautés africaines dans la plus complète nudité ; à côte, sur un escabeau, se trouvait un vase exhalant l'odeur des parfums. Tous ces apprêts étaient destinés à faire honneur à l'étranger, qui étonna et scandalisa peut-être ses hôtesses en refusant de se laisser parfumer d'huile de rose et en leur signifiant son intention de dormir seul. Les Turcs qui l'accompagnaient n'imitèrent pas sa discrétion, car ils firent toute la nuit un tel bruit qu'à peine put-il reposer.

Au-delà de Kery, point extrême où Méhémet-Ali s'était arrêté, M. Kovalevski rencontra un hameau dont les masures grisâtres sont suspendues au sommet de rochers escarpés : c'est le village d'Akaro, qui jouit du singulier privilège de percevoir une taxe à son profit sur toutes les caravanes marchandes. Les chameaux chargés paient quatre piastres, et les ânes en paient deux.

Tout le pays qui entoure les hameaux du Fazogl, est montagneux ; boisé et pittoresque ; les hyènes, les zèbres, les girafes, les éléphants, se plaisent au milieu de ses bois. Epineux et sur les bords de ses cours d'eau. Caillaud a raconté qu'Ismaêl-Pacha eut un jour la fantaisie d'envoyer ses soldats à la chasse de trois de ces derniers animaux, qui traversaient paisiblement une clairière à portée de carabine. Les Egyptiens, confiants dans la sûreté de leur tir, s'approchèrent et firent feu tous ensemble ; les éléphants, seulement blessés et rendus furieux par cette agression, coururent à leurs ennemis ; ils en écrasèrent cinq ; trois autres, saisis avec les trompes, furent broyés et jetés par-dessus les arbres. Ceux qui eurent le bonheur d'échapper n'eurent rien de mieux à faire que de se cacher, et les éléphants, pour achever de passer leur rage, mirent les arbres en pièces et bouleversèrent toute cette partie de la forêt.

Sur les deux rives du Toumat s'étendent de vastes ombrages formés par des palmers, des acacias, des nebkas et d'autres arbres particuliers à cette contrée bien que le Toumat ait un cours assez considérable, son lit se trouve presque entièrement à sec avant la saison des pluies périodiques ; l'eau filtre sous la couche de sable extérieure, et ce n'est qu'après les pluies tropicales que cette rivière verse ostensiblement dans le Nil-Bleu un volume d'eau considérable Les bords du Toumat et les monts Kasan, qui dominent cette rivière, récompensèrent d'un plein succès les recherches de M. Kovalevski : des mines d'or d'une grande richesse furent découvertes sur le versant de la montagne. Après l'installation des ateliers, tandis qu'une exploitation régulière fonctionnait sur le Toumat, l'officier poursuivit ses explorations géographiques aux sources de cette rivière. Accompagné d'une escorte de *meleks* ou chefs des montagnes avoisinantes et d'un millier de soldats noirs armés de fusils, il pénétra au sein des montagnes. Les rivières se trouvaient à sec, et, pour obtenir, une eau à peu près potable, les soldats étaient obligés de creuser le lit des torrents.

Après quelques jours, de marche, les voyageurs atteignirent un groupe de hautes montagnes qui portent le nom de Beni-Chankoul, et dont la population forte de dix mille âmes environ, est répartie en un grand nombre de villages suspendus au sommet des monts. Chacun d'eux est indépendant de son voisin, et de fréquentes divisions intestines ensanglantent le pays. Les Arabes y sont mélangés aux nègres, et les uns et les autres habitent dans des *toulkouls*, cabanes exhaussées pour la plupart au-dessus du sol au moyen de pieux qui les garantissent des inondations causées par les pluies périodiques, et surmontées d'une toiture élevée de forme conique, très propre à braver les déluges de cette région. Les nègres, hommes et femmes, vivent dans un état de nudité complète ; par exception quelques individus portent autour des reins une sorte de ceinture en peau frangée. Malgré cette absence de vêtements, les femmes n'en recherchent pas moins la parure, qui, pour elles, consiste en une multitude de bracelets et d'anneaux passés dans les oreilles, les lèvres et le nez. Leur coiffure est aussi tellement compliquée, que pour dormir ces femmes ont soin, dit. M. Kovalevski, de passer leur cou dans une planche à échancrure dont l'objet est de maintenir la tête isolée et de ménager le vaste appareil que forme la coiffure. Parmi les Arabes, les plus riches revêtent un morceau de toile blanche qu'ils nomment *ferezé*, et dans lequel ils se drapent avec une certaine élégance. Un mélange d'islamisme et d'idolâtrie compose la religion de toute cette contrée, qui, malgré son éloignement de l'Égypte, consentit à reconnaître la suzeraineté du vice-roi.

La vallée du Toumat, à mesure qu'on la remonte, est de plus en plus encombrée d'énormes blocs de pierre qui rendent difficile l'accès de la rivière. D'ailleurs elle est couverte d'une luxuriante végétation : les citronniers de Nigritie s'y mêlent aux lauriers ; les fleurs d'une espèce de jasmin emplissent l'air de leurs suaves émanations ; des plantes de toute espèce croissent pêle-mêle sans culture, et les baobabs couvrent le soi de leurs gigantesques ombrages. En cheminant dans le lit même de la rivière, l'expédition de 1848 rencontra un grand nombre d'ouvertures circulaires en partie remplies d'eau. Ces ouvertures sont pratiquées par des nègres qui arrivent de fort loin dans cette contrée pour y exercer l'industrie du lavage des sables aurifères et aussi pour y capturer des crocodiles, ordinairement cachés, pendant cette saison, à une profondeur où le sable continue être humide. Les mouvements de l'animal sont gênés par le sable où il est blotti, et les nègres s'en emparent sans beaucoup de danger pour en manger la chair.

Les voyageurs remontèrent le Toumat jusqu'à l'endroit où cette rivière se réduit aux proportions d'un simple ruisseau qui se perd dans la direction du sud, vers le 10e parallèle nord, et un peu à l'occident de Fadassy, ville située sur les confins de l'Abyssinie et du pays des Gallas. Fadassy est le principal marché des régions situées entre les deux Nils ; il s'y fait un commerce considérable de chevaux, de bestiaux, de lances, de casse-têtes, de haches, de froment, de café, de miel, de légumes, de toiles de l'inde, d'or en poudre et en grains, de sel, de verroterie de Venise, etc. Quant à la ville, elle est formée d'un ensemble de huttes et de cabanes en terre et en bois dispersées sur les bords de l'Iabouss, affluent du Nil-Bleu, et derrière des hauteurs qui sont elles-mêmes dominées par la masse sévère des grandes montagnes de l'Abyssinie. Le plateau que franchit M. Kovalevski pour pénétrer jusqu'à Fadassy avait été récemment dépeuplé par une incursion des Gallas ; les hommes en avaient disparu, et les éléphants s'étaient emparés de ces lieux devenus déserts. Ces animaux erraient en troupes immenses. On dit que pour se procurer de l'eau dans la saison sèche ces éléphants vont se coucher dans le lit desséché du Toumat. Peu à peu le poids de leur corps déprime les couches supérieures du sable et forme un creux ; l'eau remplit bientôt ce bassin, et l'animal se désaltère à l'aise.

M. Kovalevski, jugeant que toute cette région n'avait pas une dénomination assez précise, lui donna, par patriotisme, le nom russe de *Nicolaeskaïa* ; mais la géographie n'a pas ratifié cette décision, et elle continue à appeler Quamamyl le pays qui environne Fadassy du côté de l'ouest.

C'est la partie la plus orientale de Dâr-Bertat, situé lui-même au sud de Fazogl, entre les deux Nils.

C'est entre les régions où M. Kovalevski vient de nous conduire et le golfe arabique que s'étend l'Abyssinie ; ses limites extrêmes, du nord au sud, sont le 17e et le 8e parallèle nord environ. Cette contrée, qui semble destinée, par sa situation géographique et par l'intelligence de ses habitants, à obtenir une grande importance dans l'avenir commercial de l'Afrique, doit un climat tempéré à ses montagnes et à l'élévation de ses plateaux. La végétation, moins puissante que dans les autres régions de la zone tropicale, y est cependant encore d'une incomparable richesse. Les peuples d'Abyssinie comptent de longs siècles d'existence ; leurs traditions historiques et religieuses racontent que la fameuse reine de Saba, qui dix siècles avant Jésus-Christ s'en alla dans Jérusalem rendre hommage à la gloire de Salomon, n'était autre que Makada, l'une de leurs souveraines. Couverte de colonies grecques au temps des Ptolémées, convertie plus tard au christianisme par le Grec d'Alexandrie Frumentius, qu'une tempête avait jeté sur ses rivages, l'Abyssinie connut de la sorte les deux éléments les plus actifs de la civilisation. Par malheur de longues discordes et les querelles religieuses l'empêchèrent de les mettre suffisamment en œuvre, et sa population intelligente et laborieuse, bien que fort avancée dans la civilisation, si on la compare au reste des peuples africains, n'en est pas moins très arriérée et très barbare encore aux yeux des Européens. L'Angleterre et la France ont également jeté les yeux, sur ce point de la côte d'Afrique, si avantageusement situé pour le commerce de la mer des Indes, et ce motif, joint aux recherches dont le but était de découvrir les sources du Nil, a fait de l'Abyssinie le théâtre de nombreux voyages. Ses diverses contrées, le Semiène, le Tigré, l'Amhara, le Choa, ont été, de 1839 à 1853, explorées par MM. Combes et Tamisier, Feret et Galinier, Lefebvre, Rochet d'Héricourt, d'Abbadie, et par un grand nombre de missionnaires et d'officiers anglais. Le moins connu de ces voyages est celui des frères d'Abbadie. M. Lefebvre a eu à lutter contre les difficultés les plus terribles d'un voyage en Afrique. M. Rochet a recueilli d'intéressants détails sur les peuples gallas. Après avoir dit un mot de leurs recherches, nous aurons surtout à nous occuper des travaux de MM. d'Abbadie, qui forment la transition naturelle des expéditions du Nil-Bleu à celles du Nil-Blanc.

M. Théophile Lefebvre, lieutenant de vaisseau, reçut du gouvernement français, en 1839, la mission d'étudier les mœurs, les usages, les institutions civiles et religieuses de l'Abyssinie, et de rechercher, les moyens d'ouvrir quelques relations à notre commerce dans ce pays. On lui adjoignit MM. Petit, médecin et zoologiste, Dillon, naturaliste, et Vignaud, dessinateur. Les résultats de cette expédition ont été publiés en 1846 sous les auspices du ministère de la marine; à la lecture de ce curieux et savant ouvrage, on est plein d'admiration pour le zèle opiniâtre et pour le courage de ces quatre jeunes gens qui avaient mis toute leur ambition dans l'accomplissement de leur devoir, devoir si pénible qu'il coûta la vie à trois d'entre eux. M. Lefebvre vit périr un à un tous ses compagnons de voyage ; Dillon succomba aux fièvres mortelles de ce climat ; Petit fut emporté sous ses yeux par un crocodile ; Vignaud regagnait la France, il mourut en chemin. M. Lefebvre revint seul en Europe. Aujourd'hui l'intrépide voyageur parcourt encore l'Abyssinie ; il y est retourné en 1854 pour développer dans ce pays, s'il est possible, quelques éléments de colonisation française.

On doit à M. Rochet, avons-nous dit, de curieux détails sur les Gallas. C'est dans la partie méridionale de l'Abyssinie, du 8° degré de latitude nord à l'équateur et peut-être même au-delà, que sont répandues les peuplades belliqueuses des nègres gallas. Les individus de cette race sont des hommes grands et bien faits ; leur peau est d'un brun olivâtre foncé ; ils ont les cheveux crépus, mais non laineux comme les nègres à face déprimée du Sennâr. Par l'ouverture de leur angle facial, la vivacité de leur regard et les principaux caractères de la physionomie, ils ressemblent aux Abyssins. Leur culte est un paganisme mêlé de fétichisme ;

leurs mœurs sont plus violentes, plus rudes que celles de leurs voisins chrétiens ; cultivateurs et guerriers, ils ont au plus haut degré la passion des armes et du pillage. Ils sont un objet de continuelle terreur pour leurs voisins, et sans les dissensions qui travaillent leurs innombrables tribus, ils auraient pu conquérir une grande portion de l'Afrique. Leur origine est sans aucun doute étrangère : le sang asiatique s'est mélangé chez eux au sang noir ; de confuses traditions, qui vivent encore, disent qu'ils vinrent de l'autre côté des mers, et qu'un chef de leurs tribus, du nom d'Oullabou, contemporain de Mahomet, les conduisit en Afrique. *Galla*, dans leur langue, signifie envahisseur. Les musulmans donnent une autre origine à leur nom : suivant eux, Mahomet envoya un messager à Oullabou pour l'engager à s'associer à son œuvre ; Oullabou refusa. « Il a répondu non, *ga la*, dit le messager au prophète. — Qu'il soit donc maudit, répondit Mahomet, et que ces mots *ga la* soient désormais le nom de la race qui n'a pas voulu croire aux révélations de l'ange Gabriel. »

Dans leurs guerres, les Gallas dévastent les pays par lesquels ils passent, emmènent comme prisonniers et esclaves tous ceux qu'ils surprennent sans défense, égorgeant ceux qui résistent, afin de se procurer le trophée qui à leurs yeux, comme à ceux des Abyssins, est la plus grande preuve de la bravoure militaire. Ce signe de victoire, c'est l'organe de la virilité, et le nombre de ces hideuses dépouilles, conservées avec soin, témoigne de la valeur d'un guerrier et lui mérite des récompenses. Cette fureur est poussée si loin, que l'on voit parfois les Abyssins tuer leurs compatriotes pour se procurer frauduleusement le signe des exploits guerriers. Envers les ennemis, peu importe l'âge ; le vieillard et même l'enfant dans les bras de sa mère ne sont pas épargnés.

Les armes des Gallas sont la lance et le couteau de chasse. Ils commençaient il y a une dizaine d'années, à connaître les armes à feu, mais ils n'en savaient pas encore tirer un bon parti. Habiles à manier la lance et à parer les coups avec le bouclier, ils considèrent comme un jeu le combat à l'arme blanche. Dans leurs guerres, ils se divisent en plusieurs corps et cherchent à envelopper l'ennemi ; leur attaque est impétueuse, mais, une fois repoussés, ils ne savent pas se rallier et s'enfuient en désordre. Le roi de Choa (partie de l'Abyssinie qui confine aux pays gallas), Sahlé-Sallassi, auprès duquel M. Rochet fit, dans trois voyages consécutifs, un séjour de quelque durée, était constamment en guerre avec eux ; son but était de les assujettir à une redevance et de les convertir au christianisme. Ce roi, favorisé par les divisions de ses adversaires, a remporté de nombreuses victoires, sans cependant atteindre de grands résultats : les tribus vaincues se retirent devant lui et s'enfoncent plus profondément dans les vastes régions inexplorées qui, de l'Adel, de la côte d'Ajan et de Zanguebar, s'étendent jusqu'à la rive droite du Nil-Blanc.

II – Le Nil-Blanc

Pour reconnaître et fixer les sources d'un fleuve, il y a un procédé simple et direct qui consiste à en remonter le cours ou à en suivre les bords jusqu'au lieu où il prend naissance ; mais lorsque ce fleuve, semé d'écueils et encombré de bancs de sable, se déroule à travers des contrées marécageuses, insalubres ou inhospitalières, alors le voyageur et le géographe s'efforcent de discerner, au moyen d'une étude attentive de la topographie, l'endroit où les sources peuvent être cachées, et d'aborder le fleuve par sa partie supérieure. C'est de la sorte que les sources et tout le haut cours du Niger ont été livrés à la géographie bien avant qu'on sût dans quel golfe, dans quelle mer ce fleuve avait son embouchure. Cependant ce procédé indirect, est sujet à l'erreur, il peut donner des résultats faux, bien qu'appuyés sur des inductions spécieuses. Ainsi il est aujourd'hui constaté que MM. d'Abbadie, qui avaient tenté de l'appliquer à leurs recherches sur les sources du Nil, ont commis une erreur en prenant pour le cours supérieur de ce fleuve la rivière du pays galla qui porte les noms de

Uma, Umi, Umo Ajoutons toutefois que si de plus récentes explorations ont renversé l'hypothèse de ces voyageurs, c'est sans rien ôter au mérite de leurs recherches et de leurs persévérants efforts.

MM. Antoine et Arnaud d'Abbadie quittèrent la France le 1er octobre 1837, avec le désir d'explorer l'Abyssinie et de rechercher si, dans les nombreux cours d'eau qui descendent de cette région montagneuse, ils ne trouveraient pas les sources du Nil-Blanc. Ils abordèrent par la Mer-Rouge au port abyssin de Massoah, d'où ils gagnèrent Gondar, la plus grande ville d'Abyssinie. Cette capitale fut leur véritable point de départ : l'un des frères retourna en France pour rassembler tout ce qui pouvait être nécessaire à leur grande entreprise, et pendant ce temps M. Arnaud, celui qui demeurait en Abyssinie, se livra à l'étude de la langue et des intérêts du pays. Par ses talents militaires et sa bravoure, il se concilia l'amitié d'un chef du Godjam, province méridionale de la contrée, et au milieu des expéditions guerrières auxquelles il prit part, il recueillit des renseignements précieux pour la géographie. Les deux frères se réunirent de nouveau à Massoah en mars 1840 ; une année entière ils furent retenus sur les bords de la Mer-Rouge par la mauvaise volonté d'un chef abyssin, puis par un accident cruel, qui priva M. Antoine d'un œil et le rendit longtemps malade. Les courageux voyageurs ne se laissèrent pas détourner de leur dessein par ces pénibles obstacles ; ils mirent à profit leur séjour forcé dans le nord de l'Abyssinie pour relever avec la plus grande exactitude les cours d'eau, établir les latitudes, réunir un ensemble de routes et de directions, recueillir des généalogies de tribus et un vocabulaire de leur langue. En 1842, M. Arnaud parvint à gagner le plateau abyssin ; mais son frère n'échappa qu'avec peine à la mort, au milieu des populations insurgées contre le chef qui le protégeait. Il chercha un refuge dans l'église cophte de Saint-Sauveur, à Adawa, et gagna Condar, d'où il fit plusieurs excursions au lac Demba ou Tsana et aux sources de l'Atbara oit Tackazé, premier affluent de la rive droite Nil. Deux années s'écoulèrent encore, pendant lesquelles les deux frères se trouvèrent mêlés aux querelles des petits souverains de la contrée ; mais au milieu même de cette distraction involontaire ils ne cessèrent pas un instant de poursuivre opiniâtrement leur but, cherchant partout des informations, et discutant les renseignements qui leur parvenaient sur les divers cours d'eau qui contribuent à former le Nil. Après les plus sérieuses investigations, ils pensèrent que le Godjab, rivière qui tourne autour de la province méridionale de Kaffa en formant une espèce de spirale, devait, réunie à l'Umo, être le principal affluent du Nil-Blanc. Dès lors ils résolurent, malgré les difficultés et les dangers qui les menaçaient, de faire un voyage dans le pays d'Inarya, que baignent ces deux cours d'eau, et de déterminer positivement ces fameuses sources qu'ils comptaient enfin reconnaître. Les préparatifs de cette nouvelle expédition remplirent plusieurs mois, après lesquels MM. d'Abbadie quittèrent Gondar le 18 février 1843. Des dissensions agitaient toute l'Abyssinie ; une armée nombreuse était chargée de châtier les rebelles. Les deux frères se joignirent à cette multitude tumultueuse et guerrière, et la suivirent dans ses divers campements, profitant de toutes les occasions pour compléter leurs informations. Ils recueillirent de la bouche des indigènes tous les renseignements qu'il leur fut possible de se procurer, et, après bien des recherches, ils finirent par reconnaître dans le Gibé d'lnarya, dont la source se trouve dans la forêt de Bâbya, le tributaire principal de l'Umo ; cette rivière, étant la plus considérable de tout ce bassin, leur parut aussi devoir être regardée comme le principal des affluents qui dessinent, à son origine, le cours du Nil-Blanc. S'appuyant sur la croyance antique au dieu du fleuve, les voyageurs prétextèrent d'un sacrifice à cette source vénérée pour y porter quelques instruments afin d'en déterminer la position, et ce fut le 19 janvier 1846 qu'ils purent enfin saluer ce but constant de leurs : recherches.

Il est possible que l'Umo, continuant son immense circuit, remonte du sud-est au nord-ouest et forme un des forts affluents ou peut-être même dessine le cours supérieur du Nil-Bleu, dont les sources visitées par Bruce ne seraient plus qu'un cours d'eau tributaire ; peut-être aussi, poursuivant sa direction de l'est à l'ouest, se perd-il au milieu des marécages qui bordent le Nil-Blanc dans une grande partie de son cours. Quant au fleuve Blanc lui-même, on va voir qu'il en faut chercher les sources, non plus en Abyssinie, non pas à l'ouest, comme l'avaient supposé grand nombre de géographes, notamment d'Anville, mais bien loin vers le sud au-delà de l'équateur.

Quinze ans après avoir élevé au confluent des deux Nils la ville de Khartoum pour remplacer l'ancienne capitale du Sennâr et fortifier sa domination dans les régions du Nil supérieur, Méhémet-Ali, qui prenait un vif intérêt à la solution des questions géographiques, décida qu'une expédition partirait de cette ville et remonterait le fleuve Blanc. Quatre cents Égyptiens, sous la conduite d'un officier, accomplirent en 1840 et 1841 deux voyages qui durèrent chacun de quatre à cinq mois. Le journal du chef de la première expédition, Selim Bimbachi, a été publié par les soins du savant géographe M. Jomard. De précieux renseignements s'y trouvent consignés sur les populations qui habitent les bords du fleuve Blanc jusqu'au 6° degré de latitude nord. Les Bakharas et les Dinkas, tribus belliqueuses, et dont la principale occupation consiste dans la chasse aux hippopotames et aux crocodiles ; les Chelouks, dont les femmes vêtues de fourrures noires portent à la

36

cheville un anneau de fer, et chez lesquels existe, comme chez beaucoup de peuplades de cette partie de l'Afrique, la singulière coutume de s'arracher quatre dents sur le devant de la bouche ; les Novers ou Nuvirs, remarquables par la chevelure longue et rouge qui les distingue des autres noirs de cette région, virent successivement passer les barques égyptiennes. L'expédition continua à remonter le fleuve en traversant le territoire des Kyks, tribu la plus considérable et la plus puissante des bords du Nil-Blanc, puis des Bounderlehyals et des Heliabs. En cet endroit, le Nil a une largeur de trois milles ; il coule sur un fond de vase et de sable, et les îlots qui ralentissent son cours sont peuplés de crocodiles. Sur la rive droite se trouvent des bois en assez grande abondance ; la rive gauche est couverte de joncs et de broussailles. Un peu plus loin, le fleuve se partage en deux bras ; celui qui court à l'orient est de beaucoup le plus large et le plus considérable ; il n'était cependant pas assez profond pour les bâtiments égyptiens, et Selim fut obligé de redescendre après être parvenu entre les 5e et 6e degrés.

Cet intéressant voyage ne fut que le prélude d'une expédition plus considérable, que Méhémet-Ali confia, en 1841, à un ingénieur français, M. d'Arnaud, qui, ainsi que beaucoup d'autres de nos compatriotes, se trouvait au service du vice-roi d'Égypte. Cet officier remonta le fleuve jusqu'au 4° 42' de latitude nord. À la nomenclature des tribus précédemment reconnues il ajouta celle des Behrs ou Bary, peuplade considérable et belliqueuse qui habite une bande de territoire resserrée entre le fleuve et une longue chaîne de montagnes. Des maisons en chaume sont le seul refuge que les Bary aient imaginé de se construire contre les pluies diluviennes de l'équateur. Hommes et femmes vont également nus, des anneaux de fer et d'ivoire composent toute leur parure. Les femmes cependant portent sur les reins, dans les grandes occasions, une peau tannée, et en dessous un pagne en fil de coton frotté d'une ocre rouge dont les guerriers ont la coutume de s'enduire tout le corps. Les jeunes filles, dit M. d'Arnaud, portent seules d'habitude un vêtement qui consiste dans un pagne si souple, qu'il dessine toutes les formes de leur corps. Quelques morceaux de drap rouge, des verroteries de toutes couleurs et une grosse cloche, dont les tintements semblaient une musique délicieuse aux oreilles de ces barbares, furent offerts par notre voyageur au chef delà tribu, et ces présents le comblèrent de joie.

Après M. d'Arnaud, un savant religieux, dom Ignace Knoblecher, chef de la propagande autrichienne à Khartoum et sur le Nil-Blanc, est parvenu en 1848 à un demi-degré plus avant, et il a constaté que le Nil quittait en cet endroit la direction de l'est pour reprendre celle du sud ; de plus les Bary lui ont affirmé que le lit du fleuve se prolongeait bien loin au-delà de leur pays du côté de l'équateur. Enfin M. Brun, Européen d'origine sarde, qui a fixé son existence dans les régions lointaines de la Haute-Nubie, a remonté en 1844 et 1851 le Nil. Dans sa seconde excursion, il a de beaucoup dépassé le point atteint par dom Knoblecher. De Bélénia, capitale des Bary, résidence du chef de cette peuplade et séjour d'un missionnaire de la propagande autrichienne sur le Nil-Blanc, il parvint jusqu'au troisième degré de latitude nord, et obtint de précieux renseignements sur les tribus qui habitent les deux rives du fleuve jusque sous l'équateur. Entre deux excursions sur le Nil-Blanc, M. Brun a voulu soumettre ses travaux à la Société de Géographie de Paris dont il est membre, et à laquelle il avait adressé dans le cours des années précédentes plusieurs rapports. Voici un court résumé des résultats de son voyage. À l'est et à l'ouest du Nil coulent parallèlement, à quelques journées du fleuve, le Saubat et le Modj. Sur le Saubat, affluent de la rive droite, se trouvent disséminées vers le 5e degré de latitude nord les habitations des Berry, qui sont, au dire du voyageur, les nègres les plus intelligents de cette région. Ils voyagent volontiers et montent vers le nord pour échanger eux-mêmes à Fadassy, qui est le principal marché des populations riveraines des deux Nils, leur ivoire contre du fer, des toiles et des verroteries. Ils n'ont pas la coutume de s'arracher les incisives de la mâchoire inférieure, mais ils se percent la lèvre au-dessus du menton, et dans cette ouverture ils font entrer un morceau de cristal cylindrique, long d'un pouce et demi à peu près. Leurs femmes se percent aussi les oreilles, qu'elles garnissent de grains de verroterie. Le vêtement que portent les Berry est composé de deux lisières perpendiculaires ; l'une, large de cinq pouces, leur couvre la tête et retombe sur les tempes ; l'autre descend jusqu'aux jarrets. Cette étoffe, tissue en cheveux, est garnie de verroteries. « Les Berry, dit M. Brun, sont si fiers de cet ornement, qui les distingue des autres races, que pour en avoir un il m'a fallu m'adresser à leur roi, qui me l'a envoyé accompagné d'un cadeau de sept dents d'éléphant. »

Après cette excursion sur le Saubat et chez les Berry, M. Brun retourna chez les Behrs ou Bary, et fit à Bélénia, en 1851, un assez long séjour ; il acheta une propriété près de cette ville sauvage, et lia amitié avec Niguello frère du roi de la principale tribu des Bary. Les détails que M. Brun recueillit en 1851 sur les mœurs et le caractère des Bary font bien connaître les peuplades riveraines de cette partie du fleuve Blanc. Leur religion se compose de croyances et de superstitions dont quelques-unes offrent beaucoup de ressemblance avec celles du Sennâr. C'est ainsi qu'on y trouve, sous le nom de *kodjours*, des jongleurs qui s'attribuent le pouvoir de donner ou d'ôter les maléfices, d'empêcher ou d'amener la pluie. Les chefs de ces peuplades sont forcément kodjours ; ils doivent à cette puissance surnaturelle plus d'autorité, mais aussi leur responsabilité est grande : si la pluie ne vient pas et qu'une sécheresse prolongée mette en danger les récoltes, ils font un sacrifie de deux têtes de gros bétail ; puis, si le ciel ne semble pas accepter cette offrande et n'envoie pas l'orage, il arrive quelquefois qu'eux-mêmes servent de victimes expiatoires ; Ainsi en 1850 le chef d'Hyapour, pays situé entre Bélénia et un lieu appelé Férichat, eut le ventre fendu, parce que les prières et tous les sacrifices avaient paru insuffisants. La mission catholique de Khartoum, qui entretenait Bélénia une succursale dirigée par le religieux don Angelo Vinco, obtint peu de succès, parce que ses prières demeurèrent inefficaces dans un moment où le ciel gardait une inclémente sérénité. Dom Angelo accompagnait le roi Choba pour demander la pluie ; par malheur le temps resta sec. Les habitants recoururent alors à leur kodjour. Celui-ci mit un peu d'eau dans une clochette, et, la répandant devant l'assemblée, il prédit l'orage pour le lendemain. Par un singulier hasard ; la prédiction se louva juste.

Les troupeaux sont la grande richesse des Bary, qui font usage de lait plutôt que de viande. L'homme qui n'a pas assez de vaches pour nourrir une famille ne peut se marier ni prendre la parole dans les assemblées. Les délibérations et les jugements ont habituellement lieu devant les villages, à l'ombre de quelques arbres. Tout le monde y peut assister et donner sa voix, mais la discussion n'est permise qu'aux chefs et aux gens riches, appelés *moniés*, gens dont la dignité est reconnaissable au bâton fourchu qu'ils portent. Le vol est puni de la peine capitale, mais les exécutions n'ont lieu que sur la route ou dans les forêts, et jamais dans les villages, car la vue du sang rendrait les femmes stériles. Les assassins sont punis moins sévèrement que les voleurs, ils peuvent se racheter au moyen d'une rançon : on les livre aux parents du mort, qui en exigent autant de vaches qu'ils ont de doigts aux pieds et aux mains. Chaque homme prend autant de femmes qu'il en peut nourrir ; elles coûtent de dix à cinquante vaches, selon leur beauté et leur rang ; elles deviennent une propriété dont les fils héritent et peuvent jouir à la mort de leur père, leur mère exceptée toutefois. Le nombre des femmes, comme celui des têtes de bétail, constitue la richesse ; on n'est pas *monié* sans en avoir au moins deux ou trois. Il ne parait pas qu'elles soient jalouses, mais elles ne sont pas non plus fidèles. Les accords faits, la cérémonie du mariage consiste tout simplement à tuer et à manger quelques bœufs. Une partie de la dot apportée par le mari est distribuée aux parents de la femme. Jusqu'à ses premières couches, celle-ci reste dans la maison paternelle. L'homme qui séduit une fille doit l'épouser ; s'il ne peut pas fournir la dot à laquelle le père estime alors sa fille, il est livré à la vengeance de celui-ci, qui a droit de le tuer. Le

Bary qui meurt est enterré accroupi dans un trou creusé devant la porte de sa demeure. Ses parens viennent ensuite fouler et durcir sous leurs pieds la terre qui le recouvre, en répétant sur un ton lamentable le monosyllabe dio, dio. Quand la terre est bien durcie, on tue quelques bœufs, on les mange, et tout est fini ; chacun se retire. Chez les Kyks et chez les Eliabs, peuplades adonnées à la pêche, les morts sont enveloppés dans des nattes de jonc et jetés dans le fleuve.

La condition des femmes est moins dure chez les nègres idolâtres que chez les musulmans ; elles ne sont pas chargées exclusivement des travaux de la terre ; les hommes les y aident, bien que l'oisiveté soit chère à tous ces peuples africains. Ils ne trouvent d'activité que pour la danse, passion commune à tous les noirs, d'une extrémité à l'autre de l'Afrique. Ils sautent et gambadent au son d'une espèce de tambour, et outre leurs danses journalières, ils ont des fêtes générales, appelées *héri*, où ils se réunissent quelquefois au nombre de sept où huit mille. Ces fêtes sont annoncées dans tous les villages voisins ; ce sont de vraies saturnales durant trois jours, et pendant lesquelles les deux sexes jouissent de la plus complète liberté. Elles se renouvellent plusieurs fois dans l'année, aux premières pluies, lorsque les vaches reviennent au village après avoir consommé les pâturages.

Il y a parmi les Bary des forgerons assez habiles qui fabriquent les lances, les flèches et les grossiers instruments de labour. Il y a aussi des charpentiers qui font des espèces de sièges, taillent des pièces de bois et sculptent des statuettes servant de fétiches ; mais ces artisans sont peu estimés, où les appelle *toumourit*, et un propriétaire de vaches, un orgueilleux *monié*, considérerait ce nom, s'il lui était appliqué, comme une grave injure.

Au-delà de Bélénia, les rives du Nil continuent à être accidentées et couvertes de forêts de tamariniers, d'ébéniers et des plus belles variétés d'acacias. Ces arbres, toujours verts, entremêlés de lauriers-roses, forment des jardins naturels qui répandent la fraîcheur de leurs ombrages sur un soi fertile. Les villages des peuples riverains apparaissent tantôt étagés sur les hauteurs, tantôt groupés ou dispersés au milieu des admirables forêts de ces régions. Les Bary et quelques-uns de leurs voisins, privilégiés entré tous les habitants des bords du Nil, possèdent des salines. Il est vrai qu'ils les exploitent peu.

Sur la rive gauche, environ sous le 9° degré et sous le 7° degré de latitude nord, le Nil reçoit deux énormes affluents, dont MM. d'Arnaud et Brun ont reconnu les embouchures ; M. d'Arnaud remonta même le cours de l'un de ces affluents pendant quelques jours, mais, craignant pour lui et ses compagnons les pernicieuses influences dés marécages au milieu desquels ces rivières se perdent, il redescendit vers le Nil. Deux français qui parcourent le Soudan oriental, MM. Vayssières et

Malzac, ont recueilli quelques notions sur ces affluens dans la partie inférieure de leur cours ; ils coulent de l'ouest à l'est et roulent un volume d'eau si considérable, qu'ils tripleraient le Nil, s'ils ne se perdaient en grande partie dans les vastes marécages de leurs embouchures. Le premier s'appelle Bahr-Keilak ou Miselad, et semble identique à la rivière que les cartes d'Afrique indiquaient d'une manière incertaine sous le nom de Bahr-el-Ghazal. Lé second porte le nom de Niébor et se jette dans le Nil par quatre bouches, à travers des marécages considérables, sous le 7e parallèle 1/2 (nord) environ. Reconnaître ces immenses tributaires du fleuve Blanc, en faire les grands chemins du Soudan central, tel est le problème qui se présentera lorsque celui des sources du Nil aura été complètement résolu.

En continuant à remonter le cours du fleuve au-delà de Bélénia, on arrive à des cataractes et à une région semée d'écueils, où l'eau manque souvent aux barques les plus légères, qui touchent à chaque instant. Le fleuve Blanc fait ensuite un coude de douze heures à l'ouest-sud-ouest. Sur la rive droite sont les derniers villages des Bary, et sur la rive gauche ceux des Ouanguarah. L'un des compagnons de M. Brun, M. Ulivi, fit une partie de cette route sur un bateau conduit par huit rameurs. Arrivé au village de Garbo, dont les maisons sont bâties en terre et couvertes de chaume, il fut arrêté par une cataracte qu'il ne put franchir. Cette cataracte est formée par une lisière de rochers entre lesquels le Nil s'échappe en écumant. Quelques-uns de ces rochers forment des îlots couverts de joncs ; ils sont dominés par une haute montagne boisée d'où l'œil peut suivre les sinuosités du Nil à travers le pays accidenté et souvent pittoresque qui s'ouvre à l'horizon. Tantôt on le voit disparaître derrière une montagne au pied de laquelle il serpente, tantôt il se dessine comme un ruban bleu entre les villages et les forêts échelonnés sur ses rives. M. Brun pense que cette cataracte, située sous le 3° degré de latitude, pourrait être franchie à l'époque des crues, mais on serait alors obligé, à cause des vents du sud, de remorquer les barques, et l'on aurait à craindre les hostilités des peuplades riveraines et les terribles ouragans de cette saison.

À partir de cette cataracte, le Nil coule au sud-est. Sur ses deux rives sont répandus les nombreux villages des Makedo. Du pays des Makedo aux montagnes de Kombirat, situées à quelques lieues du sud de l'équateur, et qui sont le point extrême sur lequel M. Brun ait obtenu des renseignements, il y a douze journées de route, de dix heures chacune, en suivant les contours que fait le fleuve. De nombreuses tribus, dont quelques-unes semblent appartenir à cette famille guerrière des Gallas, qui erre au sein des vastes régions comprises entre l'Abyssinie méridionale et la côte de Zanguebar, sont répandues sur les deux rives du Nil. Chez les Lougoufi et les Modi, à quatre journées des

Makedo, le fleuve se resserre au point qu'on le traverse sur un tronc d'arbre jeté d'une rive à l'autre. Les indigènes font mention de hautes montagnes situées à l'est du fleuve, et d'où coulent plusieurs torrents au-dessus du confluent desquels le Nil n'est plus qu'un mince filet d'eau descendant lui-même de montagnes très éloignées. Us ont ajouté que du côté de l'ouest se trouvent de grands lacs d'où s'échappent des rivières inconnues ; mais ces données ne sont pas assez précises pour que la géographie puisse les adopter encore.

Ainsi les explorations de M. Brun, de dom Knoblecher et des missionnaires de Khartoum nous ont conduits presque sous l'équateur. À cette lointaine distance, le Nil n'est plus le majestueux cours d'eau de l'Égypte et de la Nubie, il ne se présente plus que resserré dans un lit étroit, encombré de roches et de bancs de sable ; mais il existe encore et continue à dérober à notre curiosité ses sources mystérieuses. Toutefois la question semble assez avancée aujourd'hui pour qu'on puisse espérer une solution définitive de l'expédition que vient d'organiser le vice-roi d'Égypte. Quelques voyageurs et des géographes avaient pensé que ce n'était pas encore sous l'équateur, mais 10 ou 15 degrés plus au sud, sous les latitudes du Mozambique, vers ce lac Maravi ou Nyassi, longtemps problématique lui-même quant à sa position, qu'il fallait chercher l'origine du roi des fleuves. Cette hypothèse ne semble plus admissible depuis que les travaux de deux missionnaires anglais nous ont apporté des notions tout à fait neuves sur la topographie de l'Afrique centrale. Dans ce continent, les montagnes s'abaissent, les plaines s'exhaussent ; partout la géographie reconnaît et secoue ses vieux préjugés, et marche de surprise en surprise. Ce désert du Sahara, que l'on croyait déprimé, est un immense plateau bien plus élevé que le Soudan. Le Soudan, dans la partie orientale duquel on plaçait naguère encore les fantastiques montagnes de la Lune, dut être le lit d'une mer ou d'un lac immense dont le Tchad, le Tubori, le Fittri, toutes les lagunes temporaires, sans compter les immenses marécages du Nil, sont les derniers vestiges. Enfin sous l'équateur les voyageurs Krapf et Rebmann ont découvert d'immenses montagnes du pied desquels descendent, suivant toute vraisemblance, les ruisseaux qui forment le Nil à sa naissance. Telle est du moins l'opinion de l'un des voyageurs que nous venons de nommer, et dont les travaux doivent être retracés comme complément des explorations du Nil.

III – L'Afrique équatoriale

De l'Abyssinie méridionale à l'île et à la côte de Zanzibar s'étend, dans un espace de quinze degrés environ, une vaste région que coupe en deux l'équateur. Les Portugais, ses premiers explorateurs et longtemps ses maîtres, en ont relevé les contours, et sur les rivages qu'ils avaient conquis, ils élevèrent quelques comptoirs ; mais ils ne paraissent pas avoir poussé plus loin que la lisière maritime leur faible et tyrannique domination, et d'ailleurs, s'ils ont pénétré plus avant, si quelques-uns d'entre eux, guidés par l'ambition des conquêtes ou par la curiosité européenne, se sont avancés dans l'intérieur des terres, il n'en est pas résulté de profit pour la science, puisque les Portugais avaient adopté le système de ne publier aucune relation, afin, disaient-ils, de ne pas éveiller la convoitise des nations rivales. Plus tard, lorsque ces tristes dominateurs eurent été chassés par les Arabes, anciens maîtres de la contrée, de rares voyageurs visitèrent ce littoral sans ajouter beaucoup de renseignements aux vagues notions que nous possédions déjà. Des noms peu précis de peuplades arabes ou nègres, des villes maritimes relativement importantes, Magadoxo, Brava, Jubo, Meline, Mombas, des cours d'eau qui, au-delà de leur embouchure, ne se dessinaient plus qu'en lignes indécises, voilà tout ce que nous connaissions de cette contrée. La grande carte d'Afrique de d'Anville, vieille aujourd'hui d'un peu plus de cent ans, constate d'une manière générale l'existence de peuplades musulmanes ; elle indique quelques tribus, dessine trois ou quatre embouchures, puis laisse un espace blanc ouvert à toutes les hypothèses. Dans ses cartes, qui datent de vingt ans environ, M. Lapie fait sur ce point un pas en arrière de d'Anville, puisqu'il ne donne aucune indication du lac Maravi ou Nyassi, autour duquel s'accomplissent en ce moment des découvertes considérables ; mais, par une heureuse conjecture, il dessine des montagnes là même où depuis on a reconnu des pics chargés de neige. Toutefois la portion de l'Afrique orientale qui est située sous l'équateur était, il n'y a que quelques années, vierge de toute exploration européenne. Pour y poser les premiers jalons d'une vaste reconnaissance et inaugurer les grandes découvertes qui s'y poursuivent, il ne fallait rien moins que cet esprit d'investigation et de recherches que les Anglais portent avec eux dans leurs missions lointaines.

Plusieurs stations religieuses, Rabai, Rabai Mpia, Kisuludini, sont établies sur la côte de Zanguebar, aux environs de Mombas et de Melinde, en vue de propager parmi les indigènes les notions du culte évangélique, Ce fut à Rabai Mpia que les révérends Krapf et Rebmann vinrent s'établir il y a une quinzaine d'années. Pendant longtemps, les missionnaires se livrèrent exclusivement à l'exercice de leurs fonctions religieuses ; mais vers

1848 leur curiosité se trouva stimulée par les notions qu'ils recueillirent sur les particularités géographiques du pays jusqu'alors inexploré de Tagga, qui s'étend dans la direction nord-ouest de Mombas. Dans les derniers jours d'avril 1849, le docteur Rebmann entreprit avec neuf hommes, Arabes et nègres, une expédition, dans cette direction pour éclaircir ses doutes sur l'existence de hautes montagnes encore inconnues. Il traversa d'abord un pays que l'on appelle Taïta, où il reconnut la chaîne des monts Boora, qui se dirigent du nord au sud. Il fallut à l'expédition trois jours pour franchir cette contrée pittoresque et pleine de magnificence. Le sol était couvert de bananiers et de cannes à sucre, l'air était pur, le paysage varié. Cette contrée élevée, où les chaleurs de l'équateur cessent d'être insupportables, parut à M. Rebmann l'une des plus délicieuses qu'il fût possible de rencontrer.

Arrivé en un lieu appelé Musagnombe, le voyageur se concilia par des présents la bienveillance de plusieurs chefs, et obtint d'eux des renseignements sur la contrée au sein de laquelle il allait s'engager. Là encore il entendit parler d'une montagne excessivement haute et située dans le Tagga, à cinq journées à l'ouest du Taîta. Son guida refusa de l'accompagner à une si grande distance, et il se borna à lui montrer le mont Tare, à dix-huit lieues au sud, et le mont Ugono, à vingt lieues au sud-ouest. Au pied de cette dernière montagne s'étend un grand lac qui porte le nom d'Ibé. Malgré le mauvais vouloir du guide, la petite caravane continua à s'avancer vers le pays de Tagga, à travers une région montagneuse et boisée, couverte d'inextricables buissons et traversée par des rivières. La nuit, on entendait le cri des hyènes et des autres animaux féroces, et durant la marche, le jour, on voyait de grands troupeaux de zèbres, de girafes et de rhinocéros. Ce dernier animal est celui que les naturels redoutent le plus ; ils prennent la fuite à son aspect, et cherchent le plus souvent un refuge dans les branches d'un arbre, hors de la portée de sa vue. Loin d'être inoffensif comme l'éléphant ou l'hippopotame, dont on n'a rien à craindre si on ne les attaque pas, le rhinocéros se jette sur les hommes ou les animaux qu'il rencontre, les déchire, les foule aux pieds, et s'acharne sur sa proie jusqu'à ce qu'il soit certain qu'elle ait cessé de vivre.

Au nord-est de la route que suivait M. Rebmann se destinait le mont Angolia, au pied duquel s'étendent les contrées habitées par les Ouâkamba, à la limite du pays des Gallas et de celui des Taïtas. De ce lieu, le missionnaire aperçut les montagnes du Tagga se dressant en amphithéâtre et s'élevant par degrés à des hauteurs immenses. Le 11 mai 1849, quinze jours après le départ de l'expédition, il distingua au sommet de la plus haute montagne une sorte de nuage blanc : il demanda à son guide, l'explication de ce phénomène, et celui-ci, renouvelant le récit de fables accréditées dans toute cette partie de l'Afrique, lui répondit que c'était un sommet d'argent, mais qu'il était inaccessible à cause des mauvais esprits qui en défendent l'approche. Bien des gens, ajoutait cet homme avaient voulu le gravir pour s'emparer de ses richesses ; mais tous étaient morts ayant d'y parvenir.

Ce dôme d'argent étincelant au soleil, cet inaccessible trésor gardé par des génies, c'est une couche de neige qui, à quelques degrés de l'équateur, couvre éternellement le Kilimandjaro. Tel est le nom que les naturels donnent à la montagne que le missionnaire Rebmann venait de découvrir. Les guides du voyageur anglais lui racontèrent que, quelques années auparavant, un souverain de Madjanie, pays situé dans l'ouest du Tagga, résolut d'envoyer une sorte d'ambassade au Kilimandjaro pour examiner cet objet si étrange pour des Africains, qui couronne le sommet de la montagne ; tous périrent, hors un seul homme qui revint les pieds et les mains gelés. Le Kilimandjaro a la tête ordinairement enveloppée dans les nuages.

M. Rebmann s'avança au-delà de cette montagne, digne rivale des plus hauts sommets du Nouveau-Monde. Les monts du Taïta ont de quatre à six mille pieds d'élévation, leur pic culminant est appelé Verdiga. De ce point, les montagnes s'abaissent par degrés, en allant vers l'ouest, pour se relever ensuite brusquement et former la chaîne glacée du pays de Tagga. Au-delà du Kilimandjaro coulent les rivières Lapmi et Gôna, qui paraissent rejoindre le Loffith, ce grand cours d'eau qui se jette dans l'Océan à la côte de Zanguebar, et dont jusqu'ici on n'a guère connu que l'embouchure. Toutes les eaux qui arrosent les contrées visitées par M. Rebmann sont alimentées par les neiges de la montagne, et par conséquent très froides. La domination portugaise, circonscrite aujourd'hui à quelques peints du rivage, pénétra jadis jusque dans cette partie de l'Afrique, et le voyageur a retrouvé, non loin du Kilimandjaro, plus à l'ouest, les ruines d'un fort, des débris de canons, et une inscription en langue portugaise.

Les habitans du Tagga pourvoient par la chasse aux principaux besoins de leur existence, et laissent leurs femmes cultiver la terrée. Ils récoltent du riz, recueillent la sève du palmier pour en faire du vin, et quelques-uns d'entre eux exploitent les minerais de fer qui sont la grande richesse de leurs montagnes. De Mombas au Kilimandjaro, la distance est de soixante-quinze lieues en ligne droite.

Quelques semaines après cette première excursion, dont la durée fut d'un mois et demi environ, le docteur Krapf partit à son tour, en juillet 1849, pour l'Ousambara, vaste pays montagneux autour duquel le Lofflth parait circuler. Ce voyageur se dirigea sur Madjamé, qui est le point le plus occidental du Tagga ; il suivit de profondes vallées au fond desquelles coulent, même dans la saison sèche, des torrents perpétuels entretenus par la fonte des neiges, et après une marche de plusieurs journées il put vérifier la belle découverte de son compagnon. Le Kilimandjaro, selon les observations de ce nouvel explorateur, se partage en deux sommités, distantes de dix ou douze milles. Celle de l'est est la moins élevée, et se termine par plusieurs pics. Celle de l'ouest est considérable, et se termine par un dôme immense ; elle est constamment chargée de neiges.

Dans ce même voyage, M. Krapf, remontant vers le nord, a fait la découverte d'une seconde montagne qui, dit-il, est plus étendue et plus élevée encore que le Kilimandjaro. On rappelle Kenia ou Kignea, suivant une orthographe plus récente. Les rivières Dana et Sabaki, qui se jettent dans l'Océan-Indien, y prennent naissance, et c'est de là aussi que découlent peut-être bien les sources qui forment le Nil à sa partie supérieure. Les habitants de la contrée au sein de laquelle s'élève cette montagne ont affirmé à M. Krapf que dans l'ouest et à une distance assez rapprochée du Kenia, il existe un volcan allumé. Au nord, c'est-à-dire très près de l'équateur, se trouve un lac. Les difficultés de toute nature que M. Krapf rencontra dans cette expédition, qu'il accomplit au moment où les Gallas et les Ouâkuafi étaient en guerre, l'empêchèrent de s'engager plus avant dans l'intérieur du pays. Il s'efforça de recueillir quelques notions sur les régions où il ne pouvait pas pénétrer, et apprit que dans l'ouest existaient de grands lacs qui, pour la plupart, sont navigables. Dans plusieurs localités, il entendit aussi répéter un fait singulier, qui déjà lui avait été rapporté dans le Choa, et qu'il avait accueilli comme une fable : c'est l'existence de pygmées hauts d'un mètre à un mètre trente centimètres, et auxquels les indigènes donnent le nom de *wabilikimo*. Ils viennent quelquefois, lui dit-on, aux confins de l'Ousambara pour échanger du fer contre les verroteries. Les Niams-Niams ne sont pas, on le voit, les seuls êtres merveilleux dont il reste à vérifier l'existence.

Dans le désir d'étudier les faits géographiques qui avaient pu échapper à son premier examen, le docteur Krapf entreprit, au commencement de 1852, un second voyage au pays d'Ousambara. Il obtint de Kméri, roi de cette contrée, la permission d'y pénétrer, et celui-ci même l'envoya chercher par plusieurs de ses hauts fonctionnaires à Pangani, petite ville du rivage qui relève de son autorité, ainsi qu'une grande partie de la côte faisant face à l'île de Zanzibar. Le district de Pangani est arrosé par une rivière qui porte le même nom, et qui parait être celle dont l'embouchure est connue sous le nom de Houffou. Ce district produit une grande quantité de riz, et on y trouve l'ivoire en abondance ; ses villages, construits sur le bord de la rivière, sont exposés à être submergés dans la saison pluvieuse. À quelque distance vers le nord s'élève une montagne que les indigènes appellent Tongué ; tout le pays qui l'environne, renommé pour sa fertilité, était, il y a quelques années, peuplé d'un grand nombre de villages dont les habitants ont été expulsés par les tribus des Ouâsegua, qui font une guerre acharnée aux Ouâsambara, et qui ont souvent la supériorité, grâce aux armes à feu qu'ils tirent de Zanzibar.

En quittant le district de Pangani, le docteur Krapf traversa la province montagneuse de Bondeï, qui a pour chef-lieu le village de Handeï, situé sur l'une de ses plus hautes montagnes, et il parvint au grand village de Djoumbi, près duquel s'élève le Pambiré, qui est le point culminant de la chaîne de montagnes du Bondeï. Au-delà de cette région montagneuse, vers le nord, coulent de grandes rivières dont la plus importante est appelée dans le pays Mgambo ; ses bords sont pittoresques et couverts d'une belle forêt entrecoupée de hautes herbes et de marécages. Plus loin, sur le versant occidental de la haute montagne de Kambora, d'où la vue embrasse un magnifique panorama et s'étend jusqu'à la mer, le voyageur parvint aux limites du pays occupé par les Masaï, peuple redouté du roi d'Ousambara. Ces sauvages ne disposent cependant que de moyens d'agression tout primitifs ; leurs armes n'ont consisté pendant longtemps que dans l'arc et les flèches, et le plus grand progrès qu'ils aient accompli jusqu'ici a été d'y substituer la lance et le bouclier de peau de rhinocéros ou d'éléphant.

Les Souàhhely, autre peuple de cette région, doivent à leur contact avec les Asiatiques et les Européens des armes plus redoutables. Ces Souàhhely sont des indigènes mélangés d'Arabes et depuis longtemps convertis à l'islamisme : Leurs tribus, répandues sur une grande partie de la côte de Zanguebar, dépendent du roi d'Ousambara. Cependant ils prennent le nom de *Ouâoungkouana*, qui signifie peuple libre, parce qu'ils jouissent d'un grand nombre de privilèges que n'ont pas les Ouâsambara. Ils doivent cet avantage autant à leur religion, qui, aux yeux des indigènes mêmes, les élève au-dessus des idolâtres, qu'à leurs relations commerciales avec l'Europe et l'Asie.

Les montagnes de l'Ousambara sont extrêmement élevées ; elles surpassent en hauteur celles du Bondeï et rendent difficiles les explorations des voyageurs. C'est au-delà de ces montagnes, sur un terrain plus uni et parsemé cependant de hauteurs arrondies et arides où les indigènes établissent leurs habitations, et dont l'uniformité est coupée çà et là par des plantations de bananiers, de tabac et de cannes à sucre, que s'élève Touga, capitale de l'Ousambara. M. Krapf et ses compagnons y furent installés et traités avec les plus grands égards, en attendant l'audience que le roi Kméri voulait bien leur accorder. Après quelques jours d'attente, cette entrevue eut lieu, et voici comment le voyageur la raconte dans son *Journal* envoyé en Angleterre et reproduit par le

Church Missionary Intelligencer (d'avril 1854) : « Cette après-midi, 14 mars 1852, Kméri a enfin paru au bas de Touga. Une compagnie de soldats le précédait, chaque homme de la troupe déchargeait successivement son fusil, ce qui produisait un effet terrible dans les échos de la montagne. Je me suis placé sur le chemin. Quand le roi m'a aperçu, il s'est arrêté une ou deux minutes, pendant que je lui rendais mes devoirs ; puis il est allé à la cabane de Bana-Osman, le magicien en chef. Il portait sur son vêtement un *bochoûté*, c'est-à-dire un manteau de drap noir destiné à le protéger contre la pluie et le froid. Il était pieds nus, comme la plupart des africains de la côte orientale. Kméri prit place sur une sorte de divan à la mode du pays ; puis, sans prononcer un mot, il se mit à fumer sa pipe avec une gravité toute royale. Les Ouâsambara sont les plus grands fumeurs de l'Afrique orientale ; leur pipe, dont la tête est en terre cuite, est très proprement confectionnée par eux-mêmes ; ils y ajustent un tube de deux pieds de long, et elle ne les quitte jamais. Beaucoup d'habitants de Touga et d'autres gens du pays sont venus saluer le roi. Leur formule de salutation est : « *Chïmba-va-Mouéné*, le lion du possesseur, c'est-à-dire de Dieu, » ou, comme ces mots peuvent encore se traduire : « Le lion sois-tu ! » A quoi le roi réplique par une sorte de bourdonnement inarticulé, puis les visiteurs s'éloignent pour faire place à d'autres. Quand tout le monde fut parti et que Kméri n'eut plus autour de lui que quelques-uns de ses courtisans, parmi lesquels son magicien en chef Osman tenait le premier rang, je lui expliquai les raisons qui m'avaient empêché de revenir plus tôt en Ousambara, et le roi, satisfait de mes excuses, me permit de me retirer dans ma cabane. »

Les magiciens jouent un grand rôle dans cette cour africaine. Outre le magicien en chef, il en est plusieurs qui possèdent la confiance du roi et qui sont occupés sans cesse à étudier, d'après le cours des astres, les bons et les mauvais présages, et à conjurer ces derniers. Ces magiciens se montrèrent peu favorables aux Européens, et ils engagèrent Kméri à leur refuser un lieu de résidence dans le pays, alléguant que s'ils y mettaient une fois les pieds, ils ne tarderaient pas à s'en rendre maîtres.

L'autorité du roi d'Ousambara est la plus absolue qui se puisse voir. Ce souverain dispose de tous les biens de ses sujets, et il possède sur eux droit de vie et de mort ; il fait percevoir par ses officiers les impôts qu'il juge convenable d'établir, et il rend lui-même la justice. Le roi et son successeur désigné portent tour à tour les noms de *Kméri* et de *Chébouké*. Quand le roi est appelé Kméri, le successeur est nommé Chébouké, et réciproquement. L'héritier présomptif demeure dans la province de Doumbourri, qui est une des régions les plus élevées de l'Ousambara. Ce n'est pas nécessairement le fils aîné qui succède au roi, mais le premier enfant né après l'entrée du prince dans sa capitale. M. Krapt trouve de grands rapports entre ce gouvernement et celui du Choa (au sud de l'Abyssinie). « Le pays, dit-il, présente aussi par son aspect montagneux une grande ressemblance avec le Choa. Les Ouâsambara sont de taille médiocre, leur teint est d'un noir jaunâtre. Patients et sobres, ils ne se refusent pas au travail, et leur nourriture consiste presque uniquement dans les bananes que leur sol produit en abondance. La plupart d'entre eux n'ont qu'une femme, parce qu'ils ne pourraient pas en nourrir plusieurs, car la polygamie ne leur est pas interdite ; le divorce aussi est très fréquent. »

Dans le voisinage des Ouâsambara et des Ouâsegua existe une peuplade appelée Ouâdoc, qui passe pour anthropophage. Autrefois, au dire des gens de l'Ousambara, les Ouâdoc dominèrent sur tout le pays qui s'étend jusqu'à la côte en face de Zanzibar. Les musulmans de la côte finirent par s'unir pour les accabler ; ils se sont alors retirés vers les montagnes de l'ouest, où ils sont encore un sujet d'effroi pour leurs voisins. Tout en rapportant ce fait, qu'il a recueilli à Touga, M. Krapf rappelle qu'il n'a pu le vérifier, et qu'on ne doit l'accueillir qu'avec défiance jusqu'à ce qu'il ait été constaté par des voyageurs dignes de foi.

Le missionnaire a recueilli bien des noms de peuplades outre ceux que nous avons mentionnés. Tant qu'une carte détaillée et précise de son voyage ne déterminera pas la place respective que chacune d'elles occupe, il sera inutile de produire ces noms, qui jusqu'ici étaient pour la plupart inconnus.

Après avoir obtenu de Kméri, en dépit des magiciens, l'autorisation d'établir une mission dans l'Ousambara, le docteur Krapf reprit la route de Rabai-Mpia par les montagnes de Bondeï. Il traversa le village de Mombo, vit des cantons riches en bananes et en cannes à sucre, franchit le désert de Kérenghé, couvert de hautes herbes, la montagne de Handeï, et arriva au village de ce nom, puis à celui de Djoumbi, et enfin à Pangani, bâti au milieu de plantations de cocotiers, de riz et de maïs, et composé principalement de cabanes en pieux couvertes de feuilles de cocotier ; mais où un petit nombre de maisons en pierre s'aperçoivent cependant çà et là. Il s'embarqua pour Mombas, où il aborda le 14 avril 1852, et quelques jours après il se trouvait à Kisuludini, où la nouvelle maison des missions a été bâtie. L'année suivante, le délabrement de sa santé, causé par les fatigues qu'il avait endurées dans ses voyages, le força de revenir en Europe, d'où il est retourné depuis en Abyssinie. Quant à M. Rebmann, il est resté à la côte orientale d'Afrique. Dans le cours de 1855, plusieurs communications successives ont fait savoir à l'Europe que ce missionnaire et un nouveau collègue, M. Ehrardt, avaient eu connaissance de l'existence d'une nappe d'eau d'une étendue de 10 degrés en longueur et de 6 environ en largeur, à laquelle les indigènes donnent, entre autres noms, celui de Uniamesi, et qui serait une immense prolongation de ce lac Nyassi ou Maravi, dont l'existence a longtemps paru douteuse, et dont la position est toujours demeurée incertaine. Une carte détaillée d'une partie des rivages de cette mer a été envoyée en Europe par M. Ehrardt.

Tels sont dans leur ensemble les travaux et les découvertes qui se rattachent plus ou moins directement à la recherche des sources du Nil, et qui préparent la voie dans laquelle la nouvelle expédition de M. d'Escayrac entre aujourd'hui. Deux voyageurs étrangers, M. Burton, l'intrépide explorateur de Harar et le jeune et heureux continuateur de Barth, M. Vogel, doivent, dit-on, converger par des points de départ différents vers les pays dans lesquels cette expédition s'engage, et étudier, selon que le leur permettront les circonstances, les pics gigantesques jetés sous l'équateur, le bassin de la mer Uniamesi ou les affluents et les premiers ruisseaux qui forment le Nil à sa naissance. On a lieu de compter d'ailleurs sur le zèle intelligent que le chef de l'expédition portera dans ses recherches. Un ouvrage publié il y a trois ans par M. d'Escayrac de Laulure, *le Désert et le Soudan*, abonde en notions claires et précises sur les populations et la nature africaines. C'est avec une sorte de passion communicative pour les grandeurs de ces régions sauvages que M. d'Escayrac a parcouru une première fois l'Afrique, et cette passion l'animera sans doute encore dans sa nouvelle campagne. Les grands travaux géographiques qui vont se poursuivre dans l'Afrique orientale nous promettent donc d'importants résultats, et cela au moment même où le projet de percement de l'isthme de Suez appelle les regards des nations industrieuses et commerçantes de l'Europe sur les régions que cette partie de l'Afrique embrasse. Là cependant ne se bornent pas encore les explorations et les expéditions de toute sorte qui parcourent en tous sens et labourent pour ainsi dire au profit de la civilisation le sol rebelle de l'Afrique. Il faut ajouter à tous ces voyages cette admirable expédition dont deux membres sont tombés sans que le troisième, qui voyait la mort frapper ainsi ses deux compagnons, sentît faiblir un instant son courage. On sait que M. Barth a rapporté des documents du plus grand intérêt, que lui-même se prépare à publier. Quant à M. Livingston et à M. Andersson, ils ont traversé l'Afrique du sud à l'ouest après avoir exploré le N'gami et le bassin du Chobé, que l'on présume être le Haut-Zambèze.

La voilà donc envahie par les quatre points de l'horizon, cette Afrique si longtemps impénétrable. Elle nous fait retrouver, à nous hommes du XIXe siècle, quelques-unes des émotions que devaient ressentir nos pères, il y a trois cents ans, au récit des découvertes dont un monde jusqu'alors inconnu était devenu tout à coup le théâtre ; mais elle n'est pas un champ livré aux Pizarre, aux aventuriers sans frein et sans autre loi que leur cupidité et leur ambition. Des hommes éclairés, des missionnaires, parlent, les instruments de la science ou l'Évangile à la main ; ils bravent des fatigues ou des dangers sans nombre. Quand la mort frappe dans leurs rangs, de nouveau-venus remplacent ceux qui tombent, et toute leur ambition, à ces généreux soldats de la science, c'est la satisfaction d'une noble curiosité, la conquête d'intelligences et d'âmes obscurcies par les ténèbres de la plus profonde barbarie ; c'est le désir d'ouvrir au commerce et à l'industrie des chemins nouveaux, c'est aussi l'espérance de faire participer un jour toute une race d'hommes longtemps maudits et misérables à ce bien-être, à cette amélioration sociale, à ce développement intellectuel que traduit et résume à lui seul le mot de civilisation.

Chapitre 2

L'Afrique australe et les nouvelles routes du Soudan

Du vingtième degré de latitude sud au cap de Bonne-Espérance se dessine une sorte de large trapèze, baigné à la fois par l'Atlantique et par la mer des Indes. Cette région mystérieuse, dont les Européens n'ont guère connu pendant longtemps que le littoral, est depuis quelques années le théâtre d'importantes découvertes. On peut comprendre sous le nom d'Afrique australe les divers territoires qui la composent. Tandis que l'activité des explorateurs scientifiques s'est particulièrement concentrée sur le centre et sur la partie orientale du continent africain, la zone australe n'a encore provoqué aucune de ces expéditions largement organisées dont les sources du Nil, le Niger, le Tchadda ont été le but ; de simples particuliers ont pris l'initiative d'une tâche qui ne tardera pas, il faut l'espérer, à être continuée sur une plus vaste échelle. Des chasseurs, des missionnaires ont sillonné du sud au nord l'Afrique australe, y relevant des fleuves, des lacs et une grande mer dont l'existence était à peine soupçonnée. Ce n'est plus, comme au dernier siècle, en-deçà de l'Orange seulement que s'exécutent les travaux d'investigation ; ils s'étendent bien au-delà de ce fleuve. De tels résultats servent trop bien la science pour qu'avant de raconter les dernières recherches faites dans l'Afrique australe, il ne convienne pas de dire quelques mots des deux classes d'hommes également intrépides qui la parcourent, les chasseurs et les missionnaires.

Il y a vingt ans déjà, le capitaine Harris, officier au service de la compagnie des Indes, s'en allait, au fond du pays des Cafres, livrer une guerre acharnée aux lions, aux éléphants, aux autruches ; mais n'oublions pas que Levaillant, dès le siècle passé, avait cherché dans l'Afrique australe les émotions de la chasse et des courses lointaines. Le capitaine Harris ne faisait donc que suivre l'exemple donné par cet homme aventureux, et il trouva lui-même de nombreux imitateurs. Il y a quelque temps, on racontait ici même les curieux voyages du chasseur d'éléphants Wahlberg ; on rappelait aussi les excursions de notre compatriote M. Delegorgue, qui se lançait jusqu'au tropique du Capricorne, à travers les tribus Amazoulous, à la poursuite de l'antilope noire, abattant dans le trajet maint rhinocéros et maint hippopotame. M. Gordon Cumming, intrépide chasseur né dans les montagnes de l'Ecosse, venait à son tour s'enivrer de la liberté sans limites « dont on se sent en possession, dit-il, quand on a mis le pied sur cette terré sauvage. » Les relations qu'ont écrites ces vaillants *sporstmen*, à quelques exagérations près, ont leur utilité et leur intérêt. La faune et la flore des régions austro-africaines s'y trouvent amplement décrites, et nous y remarquons des détails nouveaux sur les mœurs, les usages, le caractère des tribus dont se composent les deux grandes familles des Cafres et des Hottentots. Quant aux découvertes géographiques, on ne peut guère les attendre d'hommes qui se sont proposé un tout autre but, et qui sont forcés de se faire accompagner par de lourds chariots, traînés par des douzaines de bœufs, pour avoir sous la main leurs armes, leurs bagages, et pour rapporter des dépouilles et des collections.

Ces explorations, ces longs voyages, que les chasseurs ne pouvaient pas entreprendre, les missionnaires les ont accomplis en partie. Il n'y a pas, à vrai dire, un plus rude labeur que celui auquel se livrent les missionnaires européens en Afrique. Les missions établies jadis au cap de Bonne-Espérance par les frères moraves sont placées aujourd'hui sous la direction du culte évangélique. Bien que de temps en temps elles avancent de quelques lieues sur la terre sauvage, et paraissent reculer les dernières étapes de la civilisation, elles n'obtiennent que de bien minces résultats au milieu de peuplades barbares auxquelles les notions de morale et de religion sont tout à fait étrangères. L'un des missionnaires qui ont déployé en Afrique le plus d'activité, M. Moffat, a publié un ouvrage où l'on peut suivre les vicissitudes et les misères de cette vie d'abnégation et d'épreuves. M. Cumming, le dur chasseur dont les habitudes sont si étrangères à celles de ces hommes de paix et de religion, nous les représente de son côté comme voués à des fatigues sans nombre. « Il faut, dit-il, qu'à la foi vive, à l'indulgence chrétienne » ils joignent la vigueur de l'esprit et du corps, et qu'au besoin ils puissent se faire charpentiers, jardiniers, serruriers, maçons. » Le missionnaire déjà nommé, M. Moffat, avait dû abattre lui-même les arbres dont était faite sa cabane ; c'est lui qui avait tressé les nattes de jonc destinées à servir de toit. Il cultivait son enclos, il savait manier la pioche et la bêche, et quand un orage détruisait d'aventure sa chétive habitation, il n'avait à compter que sur la force de ses bras pour la reconstruire. Quant aux pauvres sauvages qu'il s'efforçait de catéchiser, quels tristes élèves. Ils venaient volontiers au prêche à la condition qu'il y eût à la fin du sermon distribution de verroteries ou de tabac. Quelques-uns cependant jugeaient préférable de mettre à profit le temps où le missionnaire était occupé hors de sa demeure pour aller lui dérober ses ustensiles de ménage. Quelquefois le prêtre, en voyant un de ses auditeurs plus attentif, croyait avoir conquis enfin une intelligence ; mais quelque question d'une naïveté sauvage venait le désespérer tout à coup. Un jour, un Hottentot lui disait après l'avoir bien écouté : « Vos usages doivent être bons, mais je ne vois pas en quoi ils peuvent remplir l'estomac. Il est vrai que je suis vieux, et sans doute mes enfants comprendront mieux que moi. »

Il n'est pas étonnant qu'avec la vigueur morale et physique que développe en eux le genre de vie qu'ils pratiquent, avec le peu de satisfaction qu'ils trouvent dans leur tâche apostolique, beaucoup d'entre les missionnaires se soient adonnés à la passion des voyages. Au-delà du cercle étroit où s'accomplissent leurs pénibles devoirs, dans l'horizon mystérieux et immense qui se déroule à leurs yeux, que trouveront-ils ? Les naturels interrogés parlent de fleuves, de lacs, de mers, que jamais n'a mentionnés carte européenne ; bientôt une irrésistible curiosité entraîne vers l'inconnu ces hommes ardents et laborieux ; on comprend qu'ils servent la science à défaut de l'Évangile, et c'est en effet ce qui arrive. Les découvertes les plus remarquables qu'on ait récemment faites dans l'Afrique australe sont dues à un missionnaire, M. Livingston, qui a frayé la route à d'autres courageux touristes, MM. Galton, Andersson, Oswell.

I

M. Livingston est gendre de M. Moffat, que nous venons de montrer luttant avec une si infatigable persévérance contre les difficultés de son apostolat. Son beau-père, après avoir accompli une excursion au-delà de l'Orange, s'est fixé dans le pays des Bechuanas, et M. Livingston lui-même a institué une station religieuse plus au nord, sous le 25e parallèle sud, aux confins du désert de

Kalahari, en un lieu appelé Kolobeng. Vers 1848, ayant résolu de vérifier les assertions des naturels sur les fleuves et les lacs de l'intérieur du continent africain, il s'aventura dans le désert à la tête d'une petite caravane ; mais, l'eau lui manqua, et il fut obligé de revenir sur ses pas. Sur ces entrefaites, MM. Oswell et Mungo-Murray, deux de ces touristes que produit seule l'Angleterre, vinrent exprès de Londres pour s'associer à l'entreprise de M. Livingston. Le 1er juin 1849, les voyageurs partirent de Kolobeng avec une caravane de bœufs et de chevaux conduits par des nègres. Ne jugeant pas possible de traverser le désert, ils prirent dans l'est par le pays de Bamangwato, contrée sablonneuse et aride dont la chétive population végète dans une affreuse misère. Ce pays toutefois n'est pas absolument, comme le désert, dépourvu de végétation et de verdure ; les animaux sauvages qui l'habitent, élans, buffles, éléphants, girafes, y contrastent par leur puissante carrure avec le triste aspect de l'homme. Les rhinocéros seuls y paraissent rares. En quelques endroits, la nature, dans sa prévoyance, a remplacé par un végétal l'eau qui manque. Ce végétal bienfaisant est, au dire de M. Livingston, une petite plante qui ne sort de terre que de quelques pouces, et qui porte à un pied au-dessous du sol une racine assez grosse, de nature spongieuse, et pleine d'un liquide frais et pur.

Après plus d'un mois de marche, la caravane atteignit, à cent et quelques lieues de son point de départ, une belle rivière, dont la largeur variait de trente à cent mètres, et semblait se diriger de l'ouest à l'est vers la mer des Indes. L'eau froide et douce de cette rivière doit provenir de la fonte des neiges ; la crue a lieu au moment de la saison chaude ; les habitants ignoraient la cause de cette crue périodique, mais ils assuraient que ce n'est pas la pluie, et ils ajoutaient que, dans un pays situé plus loin vers le nord, il y avait un chef qui, chaque année, sacrifiait un homme et le précipitait dans la rivière, qui alors commençait à s'élever. Les voyageurs conjecturèrent que cette cérémonie barbare devait coïncider avec la fonte des neiges dans le pays montagneux où le fleuve prend sa source. Ce fleuve a reçu des indigènes le nom de *Zougha*. Les bords sont couverts d'arbres inconnus dont les fruits sont bons à manger, et de variétés énormes du baobab, ce géant de la végétation africaine que l'on retrouve sous l'un et l'autre tropique.

M. Livingston et ses compagnons voulurent remonter le cours du Zougha : c'est ainsi qu'ils arrivèrent à une nappe d'eau qui, à cette époque de l'année (fin juillet), fermait l'horizon. Une grande rivière semblable au Zougha, le Théogé, s'y jetait à l'extrémité nord-ouest, et faisait communiquer ce vaste bassin avec une série d'autres petits lacs plus septentrionaux. Tous, ainsi que les rivières, nourrissent des hippopotames et des crocodiles. La nappe d'eau au bord de laquelle l'exploration du

Zougha avait conduit les voyageurs n'était autre que le lac N'gami.

Dans cette première excursion, les voyageurs ne pénétrèrent pas sur la rive septentrionale du Zougha ; mais il se trouva l'année suivante un autre explorateur, M. Oswell, qui, de 1850 à 1851, séjourna sur les bords de la rivière, la parcourut dans toute son étendue, de l'ouest à l'est, jusque vers un lac appelé Kummandow, près duquel elle aboutit après avoir traversé le N'gami, et se perd dans des étangs salés. Au printemps de 1851, M. Livingston rejoignit M. Oswell, et tous deux continuèrent de s'avancer dans la direction du nord. Ils arrivèrent dans un pays plat, boisé et habité par des tribus errantes de nègres. Ils y eurent particulièrement à souffrir de la piqûre du *tsé-tsé*, insecte singulier qui se trouve également au Soudan et sous la zone du tropique méridional. Sa piqûre, inoffensive pour les bêtes sauvages et pour l'homme, est mortelle aux animaux domestiques, hormis la chèvre. Il suffit de trois ou quatre de ces insectes pour tuer un gros bœuf ; l'animal blessé maigrit rapidement et meurt au bout de quelques jours : le cœur, le foie, les poumons, sont dans un état morbide, et le sang est altéré et diminué. Par bonheur les tsé-tsé ne quittent pas les localités où ils se sont confinés, et les indigènes évitent ces endroits redoutables ; s'ils sont forcés, en changeant de pâturages, de traverser les cantons que le tsé-tsé fréquente, ils choisissent le clair de lune des nuits les plus froides, parce qu'alors cet insecte ne pique pas. Après avoir vu les bœufs et les mulets qui traînaient leur bagage décimés par cette mouche malfaisante, les deux voyageurs atteignirent enfin le Chobé, rivière affluente du Sescheké ou Zambèze supérieur. Des tribus de nègres grands et forts habitent ses rives. Leur chef Cébituane fit aux Européens un accueil bienveillant, et il se préparait à leur faciliter la continuation de leur voyage, quand il mourut subitement. Les blancs, et ce fait est remarquable au milieu de peuplades sauvages, ne furent pas accusés d'avoir provoqué ce malheur par leur présence, et ils séjournèrent près de deux mois parmi les sujets du chef défunt, qui les traitèrent constamment avec bienveillance.

Toute cette partie de l'Afrique est arrosée par des fleuves qui débordent à la saison des pluies. On y compte également nombre de lacs. Aussi le pays est-il fréquemment couvert par les eaux, qui, en se retirant, laissent derrière elles un sol fertile où se déploie une riche végétation. Les nègres qui peuplent la contrée sont divisés comme partout ailleurs en une foule de tribus dont les principales portent les noms de Barotsi, de Banyeti, de Batoko ; la plus puissante de toutes est celle des Makololo. Les Barotsi sont habiles à travailler le bois ; les Banyeti sont d'excellents forgerons et savent fort bien extraire le fer de leurs abondants minerais. D'autres tribus sont renommées pour les poteries qu'elles fabriquent. On voit que l'industrie n'est pas absolument étrangère à beaucoup de ces peuplades ; toutes d'ailleurs se livrent à la culture de plusieurs sortes de blé. Beaucoup d'objets manufacturés en Europe ont pénétré jusqu'aux bords du Chobé par les côtes de l'est et de l'ouest ; la plupart des Makololo possèdent des manteaux de flanelle et des étoffes imprimées. Les voyageurs apprirent que ces objets avaient été échangés contre des esclaves. Cet odieux trafic n'est cependant pas ancien dans le pays ; il n'y date, à ce qu'affirme M. Livingston, que de 1850. Le chef Cébituane avait le premier consenti à faire trafic de marchandise humaine, à l'instigation d'un chef de la côte. Ce commerce d'esclaves, qui trouve ses débouchés au Mozambique, menace de prendre une grande extension, et il n'y a, dit M. Livingston, qu'un moyen de l'entraver : c'est d'établir dans le pays un commerce fondé sur des bases plus morales.

Encouragé par l'accueil que lui faisaient les populations hospitalières répandues du N'gami au Chobé, le révérend Livingston entreprit à la fin de 1852 une nouvelle expédition, et, donnant cette fois pleine carrière à son esprit d'aventures, il résolut de ne s'arrêter qu'à Saint-Paul de Loanda, à la côte occidentale. Sur ces entrefaites, la Société de géographie de Paris lui avait décerné sa grande médaille d'or pour la découverte du N'gami. La nouvelle de cette récompense vint le trouver sur les bords du Chobé, où la fièvre le contraignit à faire auprès du chef Sekelétu, fils de Cébituane, un séjour de quelque durée. Ne voulant pas alors même demeurer inactif, il se mit à prêcher l'Évangile aux peuplades qui l'avaient si bien reçu. À défaut de résultats plus sérieux, le révérend missionnaire recueillit du moins les témoignages d'un respect naïf qui le touchèrent. Délivré bientôt de la fièvre, il partit pour explorer le Sescheké ou Zambèze. La reconnaissance du cours de ce grand fleuve importait beaucoup à la science géographique. Le missionnaire, admirablement secondé par l'aménité de ses hôtes, organisa une flottille de trente-trois canots, montés par cent soixante hommes, et descendit le Chobé jusqu'à son confluent avec le fleuve. Parvenu, au Sescheké, il trouva un magnifique cours d'eau, large souvent de plus d'un mille et bordé d'impénétrables forêts. De grandes îles coupaient le fleuve ; d'immenses racines pendaient dans l'eau ; des masses de verdure parées des teintes les plus variées embellissaient le paysage ; partout la végétation de l'Afrique tropicale se déployait dans sa merveilleuse splendeur, et les gigantesques animaux qui peuplaient cette solitude, l'hippopotame et le crocodile, laissaient voir du milieu des roseaux leur tête hideuse et leur masse informe.

Le cours du Zambèze est interrompu par des cataractes et des rapides qui rendent en plus d'un endroit la navigation difficile. Parvenu au seizième parallèle, le voyageur vit les hautes rives boisées, qui jusque-là avaient dessiné le cours de la rivière, s'écarter, prendre la forme onduleuse de collines et courir de l'est à l'ouest en formant une vallée, de cent milles environ de largeur, qui est annuellement submergée, à l'exception de petits tertres et d'îlots sur lesquels la tribu des Barotsi a installé ses villages nombreux, mais peu considérables. Les pâturages de la vallée sont d'une étonnante richesse ; on y voit des herbes hautes de douze pieds et dont la tige a un pouce de diamètre. Les arbres sont peu nombreux. Sur les hauteurs voisines, on cultive du blé, du maïs, des cannes à sucre, des patates, des ignames, du manioc et nombre d'autres plantes alimentaires. Aussi la vie est-elle facile dans toute cette partie de l'Afrique, et les indigènes y jouissent d'un bien-être qui a contribué au développement de leurs instincts bienveillants et de leur intelligence. Ces vallées, alternativement submergées par les eaux des fleuves et dévorées par les ardeurs du soleil, n'ont cependant pas échappé au terrible fléau de l'Afrique : elles sont insalubres et fiévreuses.

Après avoir remonté le Sescheké à travers tout le pays des Barotsi, Livingston retourna au campement de Sekelétu, qu'il prit pour point de départ d'un grand voyage médité depuis deux ans ; c'est vers Saint-Paul de Loanda qu'il se dirigea en quittant Sekelétu. Parti en novembre 1853, il arriva en avril 1854 dans le pays à demi fabuleux de Cassange, sur lequel on ne possédait que les plus vagues renseignements. Un fait qui mérite d'être noté, c'est qu'il trouvait les noirs plus défians et moins hospitaliers à mesure qu'il se rapprochait des établissement portugais. Toutefois le voyageur poursuivit son itinéraire avec un courage supérieur à tous les obstacles, et au mois de juin 1854 le bulletin officiel d'Angola apprit au monde savant que le docteur avait atteint le but de ses persévérantes fatigues : il venait d'entrer sain et sauf, suivi de quatre domestiques, dans Saint-Paul de Loanda.

De l'Angola, l'infatigable missionnaire est retourné sur le Haut-Sescheké, qu'il a suivi et reconnu dans la plus grande partie de son cours, et il s'est arrêté seulement à la station portugaise de Tête, dans laquelle il est entré le 2 mars 1856.

Tandis que M. Livingston, avec des compagnons d'abord et seul ensuite, découvrait le N'gami, relevait le cours du Zambèze et traversait l'Afrique australe, un autre Anglais, M. Francis Galton, visitait la plage nue et sablonneuse qui, de la baie de Walwich au cap Frio, porte le nom de terre de Cimbéba ou Cimbébasie. Parti en 1850 du cap de Bonne-Espérance, il remonta avec un petit bâtiment, le long de la côte occidentale, jusqu'à la baie de Walwich. Là, muni de deux chariots, de bœufs et de mulets et suivi de quelques noirs, il s'aventura dans l'intérieur des terres, et après avoir traversé un canton entièrement désert, il parvint chez les Damaras, peuplade qui, dans le langage de cette partie de l'Afrique, porte le nom de *Ovaherero* ou *hommes joyeux*. Plus loin, dans l'intérieur, habitent les *Ovampantieru*, c'est-à-dire les *trompeurs*. *Damup* est le nom que les riverains de l'Orange donnent à l'ensemble de ces populations, et que les marchands hollandais ont transformé en celui de *Damaras*.

En 1852, un nouveau voyageur se lançait dans la carrière des explorations africaines ; c'était un jeune naturaliste suédois, qui se rattachait par sa mère à une famille anglaise, — M. Charles Andersson. Aguerri dès son enfance à la chasse dans les forêts et les montagnes de la Suède, M. Andersson vint à Londres chargé de toute une collection des dépouilles de ses victimes, et là il fit la rencontre de M. Galton, qui, de retour de sa première expédition, en méditait une seconde. Les récits de l'explorateur du pays des Damaras enflammèrent l'imagination de M. Andersson. Pénétrant plus avant qu'aucun chasseur ou naturaliste ne l'avait fait avant lui, M. Andersson accomplit, du Cap aux possessions portugaises de la côte occidentale, un trajet presqu'aussi considérable que celui de M. Livingston. L'ouvrage qu'il a publié en Angleterre à son retour est particulièrement profitable à l'histoire naturelle ; on y trouve aussi des détails géographiques qui complètent et confirment les renseignements dus au missionnaire qui a précédé le voyageur suédois.

Après une première excursion accomplie, en compagnie de M. Galton, aux environs de la baie de Walwich, M. Andersson résolut de pénétrer au N'gami en s'avançant de l'ouest à l'est, et au mois d'avril 1853 il se dirigea résolument, accompagné de quelques serviteurs indigènes, à travers des régions que nul Européen n'avait foulées avant lui. Le sol était sablonneux et difficile. De loin en loin seulement quelques stations étaient marquées par des puits. Le voyageur se trouvait dans cette région sauvage et désolée qui, à l'ouest et au sud, enveloppe le N'gami, et que l'on appelle le désert de Kalahari. Entre les stations, le manque d'eau faisait cruellement souffrir la petite caravane, et la piqûre du tsé-tsé causait de grands ravages parmi les bêtes de somme. Les bêtes sauvages abondaient dans le voisinage des puits. C'est dans ce désert et en général au nord de l'Orange que se réfugient tous les grands quadrupèdes qui reculent chaque jour devant les empiètements de l'homme. M. Andersson nous dépeint avec une verve passionnée la beauté et la puissance de ces nobles hôtes de l'Afrique. Tous les explorateurs de ce continent ont remarqué qu'il existe une sorte d'harmonie grandiose entre les animaux africains et le milieu dans lequel la nature les a placés. L'éléphant est bien, avec sa robe brunâtre, l'habitant qui convient aux épaisses forêts où il a si longtemps erré en paix, et où, seul encore, il trace des sentiers. De loin, la girafe se confond avec les mimosas dont elle broute le feuillage, et cet animal, gauche et disgracieux dans les enceintes étroites où nous le tenons captif, a dans les grandes plaines où il erre en liberté une allure qui n'est dépourvue ni de majesté ni de grandeur. Mais rien n'égale la grâce des antilopes dont des variétés très nombreuses habitent cette région. Chasseurs et voyageurs, tous sont unanimes à vanter ces jolis animaux auxquels la nature semble avoir voulu payer en élégance et en beauté ce qu'elle leur refusait en force, les antilopes, qui errent par milliers dans ces déserts et dans ces plaines, servent de pâture aux léopards, aux hyènes, aux chiens sauvages et à tous les grands carnassiers.

Des animaux qui peuplent l'Afrique, ce ne sont ni les plus grands ni les plus forts qui sont les plus redoutables ; ils fuient devant l'homme et ne deviennent guère dangereux que si en les attaque. Le fléau de toutes les heures, de tous les instants, ce sont ces myriades de moustiques que leur nombre rend inévitables, et qui s'attachent aux mains, au visage, à toutes les parties du corps. Les naturels s'en préservent par la couche de graisse dont ils se couvrent leur cuir épais ; mais c'est là un remède qui ne saurait convenir à des Européens, et il faut subir ce supplice jusqu'à ce que la peau s'y soit à peu près habituée.

Après la saison des pluies, le désert de Kalahari se couvre de quelque végétation, et il n'est jamais entièrement inhabité. Diverses tribus de la famille des Hottentots, les Namaquas, des Damaras, les

Bushmen, le parcourent et les Bechuanas, qui semblent participer à la fois des Cafres et des Hottentots, confinent au sud de ce désert par le grand pays de Baroangwato. Les Bushmen étaient les compagnons et les guides du naturaliste suédois. Ces hommes appartiennent à la plus misérable tribu de la triste famille des Hottentots. Entre les Hottentots et les Cafres, il y a la différence du nègre primitif avec celui qui a été en quelque sorte vivifié par le mélange du sang étranger. Les derniers sont plus vigoureux, plus actifs, plus intelligent, plus belliqueux ; ils forment par les belles proportions de leur corps et la beauté relative de leur visage une famille noire exceptionnelle au milieu des nègres qui les environnent, et plusieurs pratiques qui leur sont habituelles, entre autres la circoncision, semblent, aussi bien que leur aspect physique, dénoter une origine en partie étrangère. Quant aux Hottentots, chacun sait qu'ils présentent le type nègre dans toute sa laideur : c'est une race indolente et inoffensive qui, pressée entre les Cafres et les Européens, diminue chaque jour, et qui finira par disparaître ; ils sont doux, bienveillants, paisibles, mais rien ne surpasse leur paresse, leur malpropreté et leur dégradation profonde.

Les Bushmen ou Boschjemans appartiennent à un degré encore inférieur de l'échelle humaine. Leur nom signifie *hommes des buissons*. Ceux d'entre eux qui n'ont pas encore fui la rive gauche de l'Orange, poussés par les Européens, exterminés par les Cafres, vivent dans la condition la plus abjecte. Si, comme il leur arrive fréquemment, la chasse n'a pas été productive, ils passent plusieurs jours sans manger, et supportent sans se plaindre la faim, la soif, la chaleur et le froid. La contrée dans laquelle ils sont plus particulièrement confinés, entre la chaîne de montagnes qui dessine au sud le bassin de l'Orange et ce fleuve, est aride et rocailleuse ; elle n'est arrosée ni par les pluies d'hiver qui fertilisent la colonie du Cap, ni par les averses d'orage qui, chez les Cafres, suppléent à ces pluies périodiques. Les cours d'eau y sont rares, et le gibier s'y trouve en bien moindre abondance que dans aucune des contrées environnantes. Des œufs d'autruches, quelques plantes coriaces, un petit nombre de racines bulbeuses, des lézards, des serpents, des sauterelles et même des fourmis, telles sont les tristes ressources de leur existence. La hutte grossière des autres Hottentots est un luxe pour eux, car ils vivent dans les buissons et logent dans des sortes de nids formés de branches recourbées et couvertes d'une peau de mouton.

Maltraités, chassés comme des bêtes fauves par les colons, les Bushmen se vengent en enlevant leurs troupeaux. C'est pour eux une grande fête, lorsqu'un mouton est tombé entre leurs mains. Quatre ou cinq Bushmen se réunissent autour de cette proie, la dépècent, se la partagent et l'engloutissent sans quitter la place. Repus, ils s'endorment et demeurent couchés jusqu'à ce que la faim les fasse sortir de leur engourdissement ; l'un d'eux se met alors en quête, et s'il a découvert quelque part un berger isolé, il appelle ses compagnons, qui s'avancent en rampant vers ce malheureux, lui cassent la tête d'un coup de pierre et dévastent comme des loups son troupeau. Aussi les fermiers organisent-ils des chasses aux Bushmen aussi bien que des chasses au lion et à la panthère.

Parmi les peuplades voisines du Kalahari, nous avons nommé les Bechuanas. Ces nègres sont de grands et de beaux hommes, dont la physionomie rappelle celle des Cafres. Ils forment une société mieux organisée que celle des Bushmen, mais dans laquelle, comme d'ailleurs chez les sauvages de toutes les parties de la terre, les fatigues et les durs travaux sont réservés aux femmes, tandis que les hommes, hors la chasse, passent leur vie dans l'oisiveté. C'est des Bechuanas que M. Moffat, le missionnaire anglais, raconte le trait suivant. Voyant un jour des femmes travailler à la réparation de l'un des toits coniques, hauts de dix-huit pieds, qui recouvrent leurs cases et se donner un mal extrême dans l'exécution de ce travail, pour lequel elles manquaient d'échelles et de bons outils, M. Moffat fit observer aux hommes, qui regardaient en fumant, sans se déranger, ces ouvrières courageuses, qu'ils seraient bien plus aptes à exécuter ce travail. Les hommes ne daignèrent pas répondre, les femmes qui avaient entendu le missionnaire se prirent à rire aux éclats ; les autres, accourant, partagèrent cette hilarité, et il n'y en eut pas une qui approuvât le langage de l'Européen.

Après avoir traversé le désert de Kalahari, le voyageur suédois se dirigea vers le lac N'gami par une région couverte de broussailles épineuses. Il passa quelques journées à lutter contre les obstacles de ce pays difficile, et arriva enfin au N'gami. La partie ouest du lac, la première qui s'offrit à ses yeux, ne répondit pas à son attente. « Le N'gami, dit-il, est incontestablement une belle nappe d'eau, mais on en a exagéré les dimensions... Ses bords à l'est et au nord sont bas et sablonneux, et par un temps brumeux on ne saurait les distinguer. » La plus grande largeur de la nappe d'eau paraît être d'une quinzaine de lieues et la hauteur de quatre ou cinq seulement. M. Andersson en a fait le tour. Le Teoghé ou Tioghé, dont M. Livingston avait eu connaissance, se jette dans le lac à son extrémité nord-ouest. Cette rivière est étroite, mais profonde, et roule dans la saison des pluies une masse d'eau considérable. On ne sait pas encore où elle prend sa source. Le voyageur tenta de la remonter ; mais, après dix jours d'efforts pénibles, il n'était pas parvenu au-delà d'un degré dans la direction nord-ouest du lac. Comme le Tioghé va en s'élargissant dans sa partie supérieure, on peut croire qu'il met en communication, ainsi que le Zougha, un chapelet de lacs du sud au nord. Quelques Bushmen ont pénétré jusque dans la région que ce fleuve arrose ;

mais les tribus qui habitent réellement les bords du Tioghé sont celles des Bayéyés, des Matsanyanas et des Bavicko. La capitale de ces derniers, qui paraît ne pas manquer d'importance, s'appelle Libébé. Elle est le centre du commerce qui se fait entre les tribus de cette partie de l'Afrique. Elle reçoit, si l'on en croit le rapport des indigènes, quelques Portugais de la côte occidentale qui y sont attirés par les profits du commerce de l'ivoire, des bestiaux et des esclaves. Les Bavicko semblent être une population agricole et industrieuse, présentant de grands rapports avec certaines populations de la côte de Mozambique. Sans doute des liens de parenté rattachent entre elles les populations principales de l'Afrique, malgré la diversité de leurs noms, de leurs dialectes et même de leurs habitudes. Il appartiendra aux ethnographes, quand la géographie aura complété ses travaux et ses découvertes, de grouper par familles ces peuples en apparence innombrables, et d'étudier la filiation, aujourd'hui si obscure, des races africaines.

Du N'gami à la grande ville de Libébé, il existe par terre une route plus facile et plus directe que le cours du Tioghé ; mais elle est peu fréquentée à cause du tsé-tsé, qui anéantit en peu de jours de nombreuses caravanes. Quant au séjour de Libébé, une fièvre épidémique mortelle, même pour un grand nombre d'Africains des régions plus méridionales, l'interdit aux hommes venus d'Europe pendant une saison heureusement assez courte. M. Andersson ne visita pas en personne la capitale des Bavicko, mais il recueillit tous les renseignements qu'il put se procurer des indigènes, et apprit que la région dans laquelle cette ville est située est arrosée par un grand nombre d'affluents du Tioghé, desquels les uns sont permanents et les autres temporaires, c'est-à-dire résultant des pluies et tarissant avec la saison sèche. Les indigènes disent qu'un fleuve considérable, le Cuanené peut-être, ou même le Kouanza, navigable jusque vers ses sources, coule dans le pays des Bavicko, portant à l'Atlantique un volume d'eau considérable. Si ce fait, qui a besoin d'être constaté, se confirmait, on verrait s'ouvrir une voie nouvelle et peut-être une communication facile pour pénétrer de la côte occidentale dans l'intérieur de l'Afrique.

Parmi les tribus voisines du N'gami, nous avons déjà cité les Bayéyés, qui, selon les savantes conjectures d'un géographe anglais, M. Cooley, ont dû émigrer de la côte occidentale vers les régions du lac à une époque déjà lointaine. Toutefois les Bayéyés ont plus de ressemblance avec les indigènes du Congo qu'avec ceux du Mozambique. Leur physionomie est très laide, et leur peau couleur de suie. Assujettis par les Bechuanas, qui se sont répandus en conquérants jusque dans cette contrée éloignée de celle que le noyau de leur tribu habite, ils ont adopté le costume et les armes de leurs vainqueurs. Ce costume consiste simplement en une peau attachée autour des reins, qui retombe sur les épaules, formant de chaque côté une sorte de nœud. Les femmes ne portent qu'une simple peau assez semblable à une courte chemise. Les armes son la zagaie barbelée et le bouclier en peau de bœuf.

Tout le pays des Bayéyés est coupé de rivières et de larges marais qu'ombrage, une riche végétation. Les arbres, baobabs, palmiers, sycomores, y atteignant des proportions gigantesques. Le sol est partout fertile et donne, avec peu de culture, d'abondants produits. C'est après les premières grandes pluies que les Bayéyés sèment ; ils connaissent deux espèces de grains : l'une qui ressemble au doura égyptien, et un petit millet qui donne une bonne farine. Un des arbres particuliers à cette latitude africaine, le *moschoma*, qui croît de préférence au bord des rivières, donne un fruit qui, pilé et délayé dans l'eau, offre une saveur douce et agréable approchant de celle du miel. Le feuillage du moschoma est épais et de couleur vert foncé, et le bois sert chez les Bayéyés à la confection des canots et de divers ustensiles d'agriculture. — Au-delà du pays des Bayéyés s'étendent de vastes plaines peu fertiles, où de loin en loin croissent quelques arbres. Cette solitude est presque entièrement abandonnée aux bêtes fauves ; mais si on continue à remonter vers le nord, les lacs et les cours d'eau reparaissent, et le sol reprend sa fertilité.

Après de longues excursions dans toute cette région et un séjour de plusieurs mois sur les bords du N'gami, M. Andersson reprit le chemin de Cape-Town par le pays des Namaquas et la vallée du Fish-River, affluent de l'Orange ; de là il a rapporté en Europe le fruit de ses travaux. Son exemple et celui du chasseur Wahlberg, bien que ce dernier ait péri victime de ses dangereux exploits, ont fait naître une noble émulation parmi ses compatriotes, et d'autres Suédois sont décidés à entrer à leur tour dans la voie des explorations africaines.

Si, après avoir suivi dans leurs recherches MM. Livingston et Andersson, nous essayons de préciser le résultat de leurs travaux, nous trouvons, en dehors des détails géographiques, de la nomenclature des tribus indigènes et des renseignements d'histoire naturelle, deux faits neufs et d'une haute importance : le premier, c'est que, parmi les populations austro-africaines, il s'en trouve plusieurs, telles que les riverains du Chobé et du Haut-Zambeze, qui sont affables pour les Européens et aussi beaucoup plus intelligentes qu'on ne l'eût pensé. Il est à remarquer que les naturels de ce continent sont en général de mœurs bienveillantes et hospitalières partout où les mauvais traitements n'ont pas excité leur haine ou leur défiance. Si certaines tribus du Mozambique et du Congo se montrent aujourd'hui si insociables, peut-être ne faut-il s'en prendre qu'aux marchands portugais qui entretenaient la discorde chez elles pour favoriser la traite.

Le second fait intéresse moins l'ethnographie que la géographie proprement dite. Naguère, lorsque l'on ne connaissait de l'Afrique du sud que le littoral, on imaginait qu'elle devait former du Congo au fleuve Orange et à la côte de Mozambique un plateau, une espèce de Sahara inculte auquel on parvenait par les rampes de la triple chaîne des Lupata, des montagnes du Congo et du Cap. Loin de là, on voit que ces montagnes dessinent un vaste bassin, que des lacs et des cours d'eau inondent et fertilisent, et qui fut peut-être autrefois tout entier sous les eaux. Cette supposition est en partie confirmée par la certitude récemment acquise qu'une véritable mer, aussi large au moins que la Caspienne, s'étend de l'équateur jusque vers le douzième parallèle sud.

Depuis un temps très reculé, on savait vaguement que sur une partie du vaste espace qui compose l'Afrique australe devait se trouver une large nappe d'eau. Les cartographes y ont longtemps promené à leur fantaisie, en lignes indécises, un lac tantôt incliné vers l'ouest, et tantôt vers le nord, auquel ils donnaient les noms de Maravi et quelquefois de Nyassi. Il y a onze ans, M. Cooley publia dans le *Journal de la Société géographique de Londres* tous les documents qu'on possédait alors au sujet de ce lac, sans cependant réussir à en préciser l'étendue et l'emplacement.

Quelques renseignements vagues dus en 1852 à une troupe d'Arabes ne changèrent point l'état de la question Ces hommes étaient partis de Zanzibar et avaient traversé l'Afrique dans toute sa largeur jusqu'au Benguela. Ils racontaient qu'à une assez grande distance de la côte ils avaient atteint un grand lac, qu'ils avaient franchi au moyen d'un radeau, et sur lequel ils étaient restés un jour et une nuit. De telles notions ne pouvaient qu'éveiller la curiosité sans la satisfaire. Enfin un missionnaire anglais, M. Ehrardt, collègue de MM. Krapf et Rebmann, explorateurs de la région équatoriale, résolut d'éclaircir ce fait important. Il se transporta de Monbas sur un point plus méridional de la côte. Là, ne pouvant tenter de pénétrer en personne dans une région lointaine et d'un accès difficile, il interrogea un grand nombre des naturels et des Maures qui font le commerce entre la côte et l'intérieur. Des récits divers qu'il obtint, discutés et éclairés l'un par l'autre, il tira les notions suivantes, qui sont assez précises pour présenter des caractères suffisants de certitude.

Les trafiquants qui vont de la côte à l'intérieur suivent communément trois routes, qui toutes trois mènent à une mer appelée par ses riverains, selon les divers points, *Niandsha, Ukèrévé, Nyassa, Bahari* et *Uniamesi.* Ce dernier nom paraît être le plus générai et le plus répandu. Les trois points de la côte d'où partent les caravanes pour aller acheter dans les régions intérieures de l'ivoire et des esclaves sont : 1° Tanga et Pangani, en face la pointe septentrionale de l'île de Zanzibar ; 2° Baga-Moyo, situé à une trentaine de lieues plus au sud ; 3° la ville de Quiloa, au midi de la côte de Zanguebar. Des caravanes de cinq cents à huit cents hommes, Maures ou Souahelis, quittent la côte, portant des perles de verre, du fil d'archal et des cotonnades américaines, qui servent à leurs échanges. Celles qui partent de Tanga atteignent de hautes montagnes, Plus loin, le pays devient aride, le sol pierreux est mêlé de soufre et sillonné de sources chaudes ; c'est après huit jours de marche au-delà de ce pays désolé qu'on atteint la grande mer, laquelle s'étend au loin sans que nulle part on voie ni ses rivages, ni aucune île. Les vagues montent très haut, les eaux sont douces et poissonneuses.

Le second itinéraire, celui qui part de Baga-Moyo, aboutit, après un trajet égal en longueur au premier, à une grande ville très peuplée et très commerçante, disent les Maures, située sur les bords de la mer intérieure, et que les indigènes et les Arabes appellent Ujiji. C'est, il paraît, le principal entrepôt du commerce des noirs établis entre la mer Uniamesi et l'Océan-Indien. En ce lieu, la mer intérieure a des rives plates, et il faut trente jours pour la traverser à la rame. La voie est peu employée à cause des redoutables tempêtes de cette mer.

Le dernier itinéraire, celui qui a Quiloa pour point de départ, exige trente jours ; c'est vingt ou vingt-cinq de moins que les deux autres : par conséquent le lac est en ce point plus rapproché de la côte. En suivant cette direction, on voit s'abaisser successivement les hauteurs qui bordaient l'Océan-Indien, on arrive à un grand fleuve, le Rupuma, que l'on passe sur un pont de roseaux, où les naturels ont établi un péage de perles de verre, puis on arrive à la mer intérieure.

Tels sont les renseignements que le missionnaire Ehrardt a recueillis. On ne peut désormais contester l'existence et l'importance de la mer Uniamesi ; mais il reste encore à y lancer une barque européenne pour la parcourir et la reconnaître d'une rive à l'autre. Une telle entreprise ne peut plus tarder beaucoup désormais, car l'Afrique n'est pas aussi inaccessible qu'on a eu lieu jusqu'ici de le craindre. Une grande expédition accomplie sur le Niger et le Tchadda montre qu'au prix de quelques précautions et d'une sage discipline, les missions européennes peuvent vaincre les obstacles d'un climat meurtrier aussi bien que les autres difficultés de ces régions sauvages et jusqu'à nous inconnues.

II

En 1851, l'amirauté anglaise apprit du docteur Barth, alors engagé au fond du Soudan, que le pays d'Adamawa, l'un des moins connus de cette région, était arrosé par un large cours d'eau qui, à en juger par sa direction, pouvait bien être le Tchadda, affluent du Niger. On résolut aussitôt de tenter une expédition fluviale pour vérifier cette hypothèse.

Personne n'ignore que la connaissance de l'embouchure du Niger est une des plus récentes conquêtes de la géographie. Une portion du cours supérieur de ce fleuve, mentionné jadis par Ptolémée, avait été visitée à plusieurs reprises par des Européens. Mungo-Park, Laing, Caillié, Clapperton, l'avaient touché et suivi en plusieurs points, mais ils n'avaient pu préciser la direction définitive que suit cette énorme masse d'eau, et cette incertitude avait donné naissance à de bizarres conjectures qu'il est inutile de rappeler. C'est à la fin de 1830 seulement (et cette découverte est due aux frères Lander) qu'on reconnut que le Niger se jette dans l'Atlantique, à la côte de Guinée, entre les golfes de Biafra et de Bénin. Une fois ce point établi, on multiplia inutilement les tentatives pour entrer en relations avec les peuplades riveraines. En 1832, MM. Laird, Oldfield et Allen pénétrèrent avec deux petits vapeurs à l'entrée du Tchadda ; mais leurs équipages, décimés par la fièvre, ne purent les conduire plus loin que la ville de Dagbo. En 1834, Richard Lander fut assassiné dans le delta par les naturels. M. Beecroft, consul d'Angleterre à Fernando-Pô, renouvela trois fois, de 1836 à 1845, la tentative d'Oldfield, sans pouvoir dépasser le point atteint par son prédécesseur. Enfin une grande expédition, confiée en 1840 au capitaine Trotter, eut la plus désastreuse issue, et le Niger semblait devoir être abandonné, quand la conjecture ouverte par le docteur Barth réveilla la curiosité et l'ardeur des Anglais.

C'est qu'en effet, si la conjecture de ce voyageur se trouvait justifiée par l'événement, des résultats de la plus haute importance pouvaient en sortir : jusque-là, on n'avait pénétré dans la partie centrale du Soudan que par la route longue et périlleuse de Tripoli et du désert ; désormais le Niger et le Tchadda ouvriraient une large voie fluviale menant au cœur de ces régions lointaines, et permettant d'entretenir des relations constantes avec les peuples riverains. Cependant de grandes craintes se mêlaient à ces espérances, car les désastres des précédentes expéditions étaient présents à toutes les mémoires, et beaucoup prétendaient que ce chemin des fleuves, si simple en apparence et si direct, serait toujours trop meurtrier pour être praticable. L'expédition anglaise décidée en 1851 devait donc être en quelque sorte une grande et suprême expérience. Cette expérience a eu lieu, et nous voyons avec la joie la plus vive que les espérances des amis de la science se sont pleinement réalisées. L'Afrique est vaincue. Cette terre qui, semblable au vieux sphinx, dévorait ceux qui cherchaient à résoudre ses énigmes, s'est laissé envahir sans prendre cette fois une seule victime. Le plus grand soin présida aux préparatifs de l'expédition. M. Laird, ancien compagnon d'Oldfield, pourvut en personne à l'armement de la *Pleiad*, petit vapeur à hélice, de la force de soixante chevaux, jaugeant deux cent soixante tonnes, long de cent pieds (anglais), et n'ayant qu'un tirant d'eau de six et de sept pieds tout chargé. Le consul de Fernando-Pô, M. Beecroft, reçut la direction scientifique de l'expédition ; mais ce zélé explorateur de l'Afrique mourut au moment où la *Pleiad* paraissait en vue de la côte de Guinée, et M. Baikie fut désigné par sa capacité et son expérience pour le remplacer. Ce savant, dont la relation nous servira de guide, avait pour mission d'explorer le fleuve et la rivière, en pénétrant dans l'est le plus avant possible au-delà de Dagbo, point atteint par l'expédition de 1832, de s'efforcer de retrouver la trace de Barth et de Vogel, et de se mettre en communication, s'il était possible, avec ces courageux voyageurs. Ses instructions lui prescrivaient de n'employer que le nombre d'hommes blancs strictement nécessaire, de mettre à profit la saison pluvieuse, pendant laquelle les cours d'eau sont gonflés, enfin de recourir à la quinine comme préservatif contre les influences du climat. Son état-major scientifique se composait de MM. Hutchinson, naturaliste et chirurgien ; May, officier de marine qui avait offert sa coopération ; Crowther, missionnaire qui avait fait partie de l'expédition de 1841 ; d'un jeune naturaliste adjoint et d'un interprète. L'équipage, comprenant en tout douze Européens et cinquante-trois hommes de couleur, était sous les ordres du commandant Taylor.

C'est au commencement de juillet 1854 que la *Pleiad*, remorquant deux canots en fer, pénétra par le Rio-Nun dans le vaste delta du Niger. Il n'y a pas de navigation plus difficile que celle de ce labyrinthe de bras entrecroisés, modifiés sans cesse par des terres d'alluvion. Allen avait dressé à l'époque de l'expédition d'Oldfield, une carte du Rio-Nun qui en plusieurs points a cessé d'être exacte. Par exemple, dans un lieu nommé Indiama, où Allen signalait un bas-fond, M. Beecroft remarquait, il y a quinze ans, un banc qui dominait de quelques pieds le niveau du fleuve, et M. Baikie, à son tour, trouvait le banc changé en une grande île couverte d'herbe. Tels sont les accidents produits par l'action puissante des eaux sur les terres qu'elles baignent ou qu'elles charrient. La nature africaine offre dans le delta du Niger un aspect triste et sombre malgré l'extrême richesse de la végétation. Une forêt inextricable déplore sa bordure monotone le long de chaque rives les racines baignent dans l'eau, les cimes s'élancent à une hauteur gigantesque. On navigue péniblement entre ces rives boisées, au milieu d'une atmosphère où l'air mal renouvelé est vicié souvent par les détritus végétaux que le fleuve arrache constamment aux forêts séculaires. Parfois cependant une éclaircie laisse entrevoir quelques groupes de huttes au milieu de terrains récemment défrichés : des villages se sont fondés de loin en loin dans le delta, les nègres portent des vêtements de manufacture européenne, et en général le pays semble avoir tiré un peu de profit, pour son bien-être, des relations qu'il entretient avec la côte. Malheureusement à l'intérieur les sortes d'états que ces pays composent sont, comme au temps de Lander, livrés à des déchirements sans fin, à des guerres, à des invasions, à des révolutions et à des intrigues dont, le récit nous reporte en plein moyen âge.

Oqru, Igbo, Igara, tels sont les noms des trois royaumes noirs que l'expédition de M. Baikie rencontra successivement sur sa route, au début de sa laborieuse campagne. Tous ces royaumes se ressemblent ; celui d'Igara donnera une idée des autres. Le souverain, entouré d'une aristocratie de chefs puissans ; les *Abokos*, ne gouverne guère que de nom. Le pouvoir appartient aux *Abokos*. La ville d'Idda, résidence du souverain d'Igara, était autrefois, assure-t-on, une cité considérable, mais elle est aujourd'hui sur le déclin de sa prospérité. Rien ne naît et ne meurt plus vite que ces villes africaines : parfois l'histoire de leur naissance semble rappeler les temps héroïques et présenter comme une vague analogie avec l'origine des villes de la Grèce primitive. Une des villes voisines du Niger, Agbédamma, fut fondée par une émigration des gens de Idda à la suite de querelles intestines ; Izugbé, dans l'Igbo, fut fondé par un homme d'Abo, qui, il y a vingt ans, ayant tué une de ses femmes, dut s'exiler de cette ville. Ne se croirait-on pas transporté au temps d'Inachus ? Mais Agbédamma et Izugbé ne sont pas Argos ou Thèbes ; une invasion passagère, un débordement du fleuve, un incendie, suffisent pour faire disparaître ces villes de terre et de chaume ; les habitants relèvent plus loin leurs toits sauvages, et le voyageur s'étonne de ne plus rien trouver là où ses prédécesseurs avaient signalé un marché florissant.

Le royaume d'Igara appelait primitivement Akpoto. Son nom actuel lui vient d'un conquérant, Yoruban, et n'a été imposé qu'à une partie du pays. Sous sa dénomination première d'Akpoto, il s'étend encore à une distance considérable du côté du Binue Inférieur. Ses chefs sont musulmans, et sa population est mélangée de musulmans et d'Idolâtres. Le souverain est désigné souvent à Idda par le titre d'*onù*, qui correspond à celui de roi. Dans les contrées environnantes, on l'appelle plus généralement, *atta*, ce qui signifie père. Autrefois il était l'un des plus puissants chefs de cette région, mais nous avons vu qu'aujourd'hui son autorité est très contestée a Idda même.

M, Baikie insista pour avoir une entrevue avec le roi d'Igara. Il se rendit donc à Idda. Conduits de dignitaire en dignitaire jusqu'à un groupe de huttes qui sert de palais au prince nègre, les Anglais eurent à subir une heure et demie d'attente avant d'être admis devant l'*atta* (c'est le nom du souverain d'Igara). On connaît toutes les puérilités de l'étiquette orientale ; nous croyons donc inutile de reproduire, d'après M. Baikie, les détails de cette entrevue, qui n'ont rien de caractéristique, si ce n'est la sollicitude des courtisans veillant sur le chef nègre et sans cesse préoccupés de cacher leur souverain aux regards profanes des étrangers. Notons aussi le mode de communication employé entre le roi nègre et ses visiteurs. M. Baikie s'exprimait en anglais. Un premier interprète traduisait les paroles anglaises en mots tirés d'un dialecte très répandu parmi les riverains du Niger, le dialecte hausa ; un second interprète, prosterné devant le roi, lui répétait les mêmes paroles en dialecte igara. Le souverain ne répondit aux compliments de M. Baikie que par un signe d'approbation, et les visiteurs furent congédiés.

D'Idda, l'expédition se dirigea vers Igbégbe, au confluent du Kwora et du Binue. On sait que son but était de remonter cet affluent, qui n'est autre que le Tchadda, et qui pourrait devenir une des routes du Soudan. Les Anglais allaient donc quitter le Niger pour le Binue. À partir d'Idda, le grand fleuve s'était montré dans toute sa magnificence.

L'horizon s'était élargi. Deux chaînes de montagnes parallèles marquaient les limites de l'immense vallée qu'arrose le Niger. Les hommes de l'expédition, mis, depuis leur entrée dans le fleuve, à la ration d'un demi-verre de quinine par jour, étaient dans un excellent état de santé. Les naturels se montraient affables ; il n'y avait qu'un seul ennemi qui exerçât la patience des voyageurs, c'étaient les moustiques, la mouche de sable, échappant à toutes les poursuites et traversant les gazes les plus fines, et la mouche ordinaire, dont les innombrables essaims pénétraient dans les oreilles, les narines, la bouche, et s'attachaient à tous les aliments.

M. Baikie s'adjoignit à Igbégbe quelques naturels, dans l'intention de les employer comme interprètes et comme messagers. Parmi ces hommes se trouvait un certain Zuri, un peu fourbe, un peu menteur, mais fort intelligent, et connaissant à merveille les pays circonvoisins, qu'il avait maintes fois parcourus. Pour se ménager partout de bonnes relations, il avait, suivant une coutume fort bizarre et cependant fréquente dans ces régions, épousé diverses femmes dans un grand nombre de localités. Il avait des enfants de plusieurs d'entre elles, et ne voyait que passagèrement les familles qu'il s'était ainsi créées pour les besoins de son trafic et la commodité de ses voyages.

D'Igbégbe, les voyageurs eussent bien désiré faire parvenir de leurs nouvelles aux établissements anglais ; mais on leur dit que cela n'était pas possible à cause des dissensions intestines et d'une grande invasion de Fellatahs qui ravageaient alors le pays.

Les Fellatahs, Foulatahs, Peulhs ou Pùlo (cette dernière dénomination est celle qu'adopte M. Baikie) forment une race conquérante qui, à une époque encore récente, a asservi presque tout le Soudan occidental, et dont les bandes armées portent le ravage et la terreur dans les pays qui ne subissent pas encore leur joug. Par leur teint à peine bronzé, leurs traits réguliers, la largeur de leur angle facial, leur intelligence manifeste, ils accusent le mélange du sang caucasique. Ils ont les traits allongés, le front élevé, le nez aquilin, les yeux très expressifs, bleus quelquefois, fait rare et qui ne se retrouve guère en Afrique que chez les Kabyles. L'épaisseur des lèvres est le seul trait qui rappelle leur parenté avec les noirs. Ils sont de grande taille, maigres et peu musculeux. Bien qu'ils aient adopté l'islamisme, leurs femmes ne se couvrent pas le visage. Ils ont des lettrés appelés *mallams*, qui se reconnaissent à leurs turbans blancs et à un morceau d'étoffe qui leur couvre la bouche. Ils étaient alors la terreur de l'Igbira, pays situé dans l'angle que forment à leur confluent les deux cours d'eau, et venaient de saccager la ville importante de Panda, que Lander a décrite sous le nom de Fundah.

La navigation dans le Binue, objet principal de l'expédition, conduisit d'abord les Anglais à la bourgade d'Hatscho. La rivière se déployait devant eux dans un lit magnifique, entre des collines verdoyantes. À Hatscho, de fâcheux dissentiments éclatèrent entre le chef scientifique de l'expédition et son commandant maritime. Ce dernier officier, M. Taylor, semble avoir eu le tort de pousser la prudence jusqu'à la timidité. Tandis que M. Baikie regardait comme possible et nécessaire d'aller en avant, M. Taylor déclarait qu'on ne pouvait se risquer plus loin sur une rivière qui se transformait, disait-il, en un lac infranchissable. Le différend, porté devant les officiers, fut tranché à l'avantage de M. Baikie, et M. Taylor s'étant dès-lors retiré dans sa chambre, le chef scientifique de l'expédition disposa du commandement militaire en faveur de M. Marcus, second de M. Taylor. Il était temps en effet qu'une autorité vigoureuse intervînt dans la conduite de la campagne. « Depuis trente-six jours, dit M. Baikie, nous étions dans la rivière, et nous n'avions pas atteint encore Dagbo, point où Allen et Oldfield étaient parvenus vingt et un ans auparavant. Des lenteurs inutiles se renouvelaient chaque jour au milieu des disputes continuelles du commandant et de ses officiers. La saison avançait rapidement. Faute d'une mesure décisive, on risquait d'échouer… »

À partir de ce moment, les travaux de l'expédition se poursuivirent avec une activité nouvelle. Jusqu'ici, on s'était arrêté le dimanche ; on ne fit plus qu'une courte halte pour célébrer l'office divin. Enfin on atteignit Dagbo, qui est la première ville du territoire de Doma ; puis on arriva à Akpoko, qui n'avait jamais vu de blancs. Le lit du Binue est, à ce qu'il paraît, souvent bouleversé par des tourbillons de vent qui sont un phénomène tout local et suivent le cours de la rivière. Un jour, M. Baikie put constater que tandis qu'un de ces ouragans sévissait sur le fleuve, à une distance de quinze milles il tombait seulement une pluie fine et légère.

Une longue halte à Ojogo, jolie petite ville située à la pointe d'une île du Binue, fut motivée par le désir qu'avait M. Baikie de recueillir des renseignements sur les voyageurs Barth et Vogel. Ayant appris que des hommes blancs avaient été vus depuis très peu de temps à Keana, ville voisine d'Ojogo, il y envoya des messagers. La halte à Ojogo, qui se prolongea du 23 août au 4 septembre, fut mise à profit pour des travaux d'histoire naturelle, de linguistique, des observations astronomiques et des relèvements trigonométriques du cours de la rivière. Dans toute cette expédition, tandis qu'une partie de l'équipage faisait du bois, M. Baikie et M. May descendaient à terre pour mesurer la rivière par triangulation. À Ojogo, cette opération excita grandement la défiance des naturels. Le chef s'imagina que l'on venait prendre possession de son territoire. Tous les noirs, en voyant ces Européens regarder alternativement vers le ciel et à leurs pieds, les croyaient occupés à des opérations de magie, et ce ne fut pas sans peine qu'on parvint à les détromper, Le docteur Baikie leur dit qu'il cherchait un endroit où l'eau fût assez profonde. Des cadeaux et des services rendus achevèrent de surmonter les craintes : un jour, M. May fabriqua une jambe de bois pour un naturel qui avait eu la jambe emportée par un des crocodiles qui pullulent dans tout le Binue. Les hippopotames peuplent aussi cette rivière ; sur les bords, les éléphants errent en troupes, et on entend les cris de la hyène et du léopard.

La polygamie est en usage à Ojogo, Les femmes portent des bracelets en cuivre rouge ou en laiton, rarement en ivoire. Le pays a une monnaie particulière très bizarre ; elle consiste en de petits lingots de fer, de la forme d'une pelle, que l'on enfile, et dont trente-six sont le prix d'un esclave. Par un usage tout à fait bizarre, mais que d'autres voyageurs ont retrouvé chez plusieurs peuplades de la Guinée, les sœurs du chef ne se marient pas, et elles ont le privilège de choisir l'homme qui leur plaît, puis de le quitter à volonté. Il y en a qui ont ainsi une douzaine d'enfants de différents maris.

À Ojogo, nos voyageurs entendirent parler d'une race de noirs étrangers qui s'étaient établis dans le pays. On les appelle *Mitshi* ou *Misi*, et on les dépeignait comme des cannibales sans foi ni loi, perfides et querelleurs. La haine de race et la rivalité de tribu pouvaient n'être pas étrangères à cette façon de les représenter ; toutefois on ne tarda pas à reconnaître qu'elle n'était pas entièrement fausse. Quelques-uns de ces Mitshi vinrent en canot à Ojogo. Ils sont tatoués, et tout leur extérieur a un aspect étrangement sauvage. Leurs traits, peu intelligents, offrent le type nègre le plus laid, et leur teint est très foncé. Ils se vêtent peu et ne sortent qu'armés d'arcs et de flèches. Leur langage ne ressemble à celui d'aucune des peuplades environnantes. Comme Akpama, un de leurs villages, n'est situé qu'à un mille du territoire d'Ojogo, M. Baikie résolut de les voir chez eux. Dans cette intention, il voulut mettre à profit un jour de marché, et suivre, dans une de ses embarcations, les gens d'Ojogo, qui allaient échanger leurs marchandises à Akpama ; mais il arriva très mal à propos : on en était aux mains sur le marché, et les Mitshi tombaient sur leurs hôtes, qui se rembarquaient au plus vite et faisaient force de rames. Malgré ce contre-temps, les Anglais continuèrent d'avancer ; mais les Mitshi, qui croyaient que c'était un renfort pour leurs ennemis, montraient des dispositions tout à fait hostiles. Ils étaient réunis en grand nombre sur une berge haute de huit ou dix pieds, gesticulant et faisant des menaces. M. Baikie essaya de les apaiser en leur montrant quelques présents : ils ne voulurent rien entendre, et comme l'interprète redoutait de se charger d'une mission trop périlleuse, M. Baikie, qui en toute occasion ne fit pas moins preuve de prudence que de fermeté, rebroussa chemin. Il apprit que les accidents tels que celui dont il venait d'être témoin étaient fréquents, et jugea qu'ils ne tiraient cependant pas à conséquence, car il vit, peu de jours après, des Mitshi revenir comme d'habitude à Ojogo. Un de leurs chefs, interrogé sur le motif de la querelle, répondit qu'il l'ignorait, et que si l'on n'avait pas laissé aborder les blancs, c'est qu'on croyait qu'ils venaient au secours de leurs amis d'Ojogo.

Au 4 septembre, les messagers ne revenant pas, on se remit en route. En interrogeant de nouveau l'homme qui prétendait avoir vu des blancs à Keana, M. Baikie avait reconnu que la traduction fautive d'une expression l'avait induit en erreur : ce n'était pas depuis six jours, mais depuis six semaines, que ce naturel avait quitté Keana, lorsque les Anglais avaient atteint Ojogo. En quittant Ojogo, la *Pleiad* côtoya les terres du Korofora, puis celles de l'Hamaruwa, pays gouverné par un sultan de la race belliqueuse des Fellatahs. Ce souverain est le troisième qui occupe le trône depuis la conquête des Pulos ou Fellatahs. Antérieurement à l'invasion, plusieurs races se partageaient le pays, et quelques-unes d'entre elles conservent encore une demi-indépendance. Les divers cantons paient au sultan d'Hamaruwa un tribut annuel, consistant en esclaves, et dont le chiffre paraît varier entre 30 et 40.

Le révérend M. Crowther fut député au chef d'Hamaruwa. Les formalités exigeaient trente jours de délai avant la réception ; mais le souverain, impatient de voir l'étranger, voulut bien passer par-dessus l'étiquette. M. Crowther, selon une habitude dont il ne se départait pas, sollicita l'autorisation d'envoyer en Hamaruwa des missionnaires pour convertir et moraliser les indigènes. Le sultan répondit qu'il n'y voyait pas d'inconvénient, mais que ses sujets idolâtres étaient tellement sauvages, qu'il ne pensait pas qu'on en pût jamais rien faire. Quant au voyage, avant d'en autoriser la continuation, il prétendit qu'il fallait prendre à Sokoto les ordres du sultan, son suzerain. En attendant, il permit de descendre à terre et de faire le négoce.

La ville est située à 16 milles dans l'intérieur des terres. M. Baikie s'y rendit, non sans peine, au milieu de marais et de fondrières où aucun chemin n'avait été tracé. Aussitôt qu'il parut, une grande foule l'environna ; on considérait avec étonnement son teint blanc et ses vêtements. Sa boussole excita par-dessus tout l'admiration, quand on vit qu'à l'aide de ce petit instrument il pouvait fixer avec précision la position de tous les pays qu'il avait traversés. Un des plus savants *mallams* de la contrée, qui avait fait le voyage de la Mekke, car tous, les Pulos de ce pays sont de zélés musulmans, pensa le jeter dans l'embarras en lui demandant s'il avait entendu parler de la Mekke et de Stamboul, et s'il saurait en fixer la position ; mais une femme enceinte qui se trouvait là le pria de cacher cet instrument dans la crainte qu'il ne portât malheur à son enfant. Les signes d'écriture n'excitaient pas moins la curiosité ; on lui demanda de tracer quelques caractères. Le docteur écrivit sur un morceau de papier *Hamaruwa*, 25 septembre 1854, et le donna à l'un des chefs ; mais tous voulurent en avoir. Il divisa alors son papier et en distribua les fragmens aux naturels, qui les considéraient comme des amulettes. À son retour, le docteur s'égara à la poursuite d'insectes ; il ne put regagner son bâtiment, et passa la nuit dans le feuillage d'un baobab.

On touchait cependant à l'époque où la rivière décroît. Quelques symptômes de maladie s'étaient manifestés, particulièrement chez les marins indigènes qui étaient constamment exposés à de grandes fatigues. Cette circonstance, la difficulté chaque jour plus prononcée de se procurer du combustible, plus encore les premiers indices de la baisse des eaux déterminèrent le chef de l'expédition à laisser la *Pleiad* et à clore cette reconnaissance par une excursion en canot. Il embarqua donc pour quelques jours de vivres, et parcourut encore un espace d'une vingtaine de lieues dans l'est. Les localités qu'il visita appartenaient à la tribu sauvage des Baibai et sont appelées Lau, Djin et Dulti. Les habitants sont de plus en plus barbares ; toutefois à Lau le docteur put recueillir quelques renseignements sur les pays qui s'étendent plus loin. Il apprit qu'il n'était plus qu'à une distance de cinq journées du Faro, grande rivière que Barth avait vue à son confluent avec le Binue. La possibilité d'atteindre les pays du Soudan par le Tchadda était dès-lors démontrée, et M. Baikie, rejoignant la *Pleiad*, se décida à redescendre l'important cours d'eau qu'il venait d'explorer.

La dernière partie du voyage de la *Pleiad* n'offrant aucun incident remarquable, nous ne suivrons pas les courageux navigateurs à travers des lieux déjà visités. Il y a quelques mots à dire cependant du pays nommé Igbira, où les voyageurs recueillirent de nouveaux détails sur les désastres causés par la grande invasion des Pulos, Le roi de ce pays, retiré depuis le sac de Panda dans la ville de Yimaba, redoutait de nouvelles violences après l'inondation. Au moment où la *Pleiad* repassa, il venait de recevoir une députation de ses ennemis, qui s'engageaient à lui accorder la paix s'il voulait s'astreindre à un tribut de cent esclaves, et le pauvre roi délibérait avec ses officiers sur cette proposition. Laissant de côté l'étiquette, il vint trouver M. Baikie et lui fît part de la demande, ajoutant qu'il penchait à ne rien accorder, parce que s'il livrait les cent esclaves demandés, ses ennemis ne tarderaient pas à en exiger le double. Il songeait donc à se retirer jusque dans l'Akpoto, bien qu'il lui fût pénible d'abandonner Yimaha, qui s'était relevée de son désastre de l'an passé et qui redevenait très florissante. L'Anglais ne put qu'approuver sa résolution, puis aux consolations qu'il lui donna il ajouta quatre sacs de cauris destinés au rachat de ceux de ses gens que les Pùlos avaient pris. Ces pauvres gens, si fort maltraités par l'invasion et l'oppression des Pulos, sont inoffensifs et de mœurs douces et bienveillantes ; il deviendra facile aux Européens de s'établir au milieu d'eux, s'ils continuent à les gagner par de bons traitements. Ils sont bien plus industrieux qu'on ne le supposerait : Yimaha, malgré ses malheurs récets, était une ville populeuse et active. Les Anglais ont vu sur son marché toutes les denrées dont les riverains du Binue et du Kwora inférieur font commerce, huile, sel, beurre, vin de palmier, fruits, poisson, céréales, parmi lesquelles quatre espèces de blé. L'industrie n'est pas moins active ; il y a des teintureries, des filatures, des fabriques de nattes, des brasseries, car les divers grains servent a faire une bière qui, sans valoir le vin de palmier, a cependant un goût fort agréable. Nos Anglais virent un forgeron actif et qui maniait avec une grande dextérité ses instruments grossiers ; cet ouvrier industrieux attisait son foyer avec deux outres de peau de bouc auxquelles était attaché un tuyau de cuivre ; un petit trou qu'il ouvrait et bouchait alternativement avec la main servait à l'introduction de l'air. « Nous fûmes si charmés de son adresse, dit M. Baikie, que nous lui fîmes présent d'un marteau. »

Ce ne sont pas seulement les nègres d'Yimaha qui sont actifs et industrieux. Dans l'Igbo, qui fut visité bien plus longuement au retour qu'au départ, il se fabrique de jolis tissus à raies. Les chefs de l'Igbo forment une aristocratie très compliquée, et sont beaucoup plus belliqueux que ceux de l'Igbira. Ils sont couverts de bracelets et de colliers. Leur costume se compose uniformément d'une pièce de calicot serrée autour des reins, d'une peau de léopard jetée sur les épaules, et d'un bonnet rouge orné de plumes rouges et blanches, dont le nombre indique combien d'ennemis ils ont tués corps à corps. Beaucoup en portent cinq ou six, et le roi a droit à sept.

Dans ce pays, assez avant dans l'intérieur des terres, entre le Niger et la rivière du Vieux-Calebar, il y a une ville sainte du nom de Aro ; elle est, à ce que disent les naturels, le séjour de *Tchuku*, l'Être suprême, lequel a un temple où les *djù-djù* (prêtres) entrent en communication directe avec lui. Les rites de cette religion sont grossiers et bizarres. Lorsqu'un homme va consulter *Tchuku*, il est reçu par un prêtre, au bord d'un ruisseau, en dehors de la ville. On sacrifie une poule, et si l'offrande est mal reçue, les prêtres jettent dans l'eau une teinture rouge : ils prétendent que l'eau du ruisseau est changée en sang, et que le pèlerin a été emporté par Tchuku. On ne le revoit plus en effet, et il paraît que les *dju-djù* le dirigent à la côte pour le vendre comme esclave. Une consultation à Aro n'est donc pas sans danger ; toutefois il est facile avec une offrande convenable de se rendre la divinité propice, et M. Baikie vit un homme qui revenait d'Aro ; il était revêtu encore du caractère sacré que communique ce pèlerinage, et en signe de sainteté il avait le tour des yeux barbouillé de jaune.

Il y a un autre dieu que *Tchuku*, lequel s'appelle *Grissa* ou *Tchuku-Okelé*. Celui-ci est le dieu créateur chez lequel les bons iront, après leur mort, faire bombance, à moins qu'ils ne préfèrent retourner dans telle contrée qui leur plaira sur la terre. Cette croyance est l'origine du touchant espoir que des nègres esclaves témoignent en mourant lorsqu'ils disent qu'ils reverront leur pays natal. À ces deux divinités, l'une toute-puissante, l'autre bienfaisante, est opposé Okomo, l'esprit du feu. C'est lui que les méchants consultent quand ils veulent réussir dans quelque entreprise perverse. Heureusement l'on peut contre-balancer par d'autres prières les vœux d'un ennemi ; ainsi, lorsqu'un homme méditant un meurtre a été invoquer Okomo, sa future victime peut, si elle en est avertie, aller à son tour porter ses prières et surtout ses présents sur son autel.

À Abo, principale ville de l'Igbo, tous les habitants de quelque distinction, hommes et femmes, ont un *djù-djù* (ce mot s'applique aux objets sacrés aussi bien qu'aux personnes) qui les préserve de toute mauvaise influence. Ce *djù-djù* consiste habituellement en une mâchoire inférieure de cochon, ou, à défaut d'un si beau talisman, en un morceau de bois qui a cette forme. Les morts sont couchés dans des fosses creusées au milieu même de leur hutte, que leurs héritiers n'abandonnent pas pour cela. Jadis les grands personnages étaient placés dans des tombeaux en forme de larges entonnoirs, entre deux couches d'esclaves que l'on immolait pour cette circonstance. M. Baikie dit que cette pratique sanguinaire tend à disparaître ; il paraît cependant que quarante esclaves furent encore immolés à la mort du dernier roi. Les femmes portent des bracelets en ivoire très lourds qui sont rivés à leurs jambes. Le temps est mesuré par saisons et mois lunaires, lesquels sont divisés en sept périodes de quatre jours. À la côte, les cauris ont perdu toute valeur ; plus on se rapproche de la mer et plus ils diminuent de prix ; dans l'Igbo, c'est le sel qui sert d'intermédiaire pour les échanges.

Après l'Igbo, la *Pleiad* traversa l'Oru et revit la mer.

Résumons maintenant les résultats obtenus par l'expédition anglaise du Tchadda. Ces résultats ont un double intérêt. D'abord le Binue ou Tchadda a été reconnu sur un espace de cent vingt lieues environ au-delà du point atteint jusqu'à ce jour par les hommes d'Europe. Les mœurs des indigènes, étudiées attentivement, ont prouvé qu'il était possible d'entretenir avec eux des relations amicales. La route fluviale du Soudan a été en quelque sorte tracée, pendant que le docteur Barth explorait si courageusement la route terrestre de la même région. Telle est la part qui, dans la campagne de la *Pleiad*, intéresse la science géographique ; mais à un autre point de vue la tentative de M. Baikie n'est pas moins curieuse. — Elle a prouvé qu'en se soumettant à quelques règles hygiéniques, les Européens pouvaient affronter certaines régions de l'Afrique regardées jusque-là comme interdites à l'explorateur par les influences meurtrières du climat. Elle marque ainsi, on peut du moins l'espérer, le point de départ d'une ère nouvelle dans l'histoire, jusqu'à présent si funèbre, des explorations africaines.

Chapitre 3

Expéditions du Docteur Barth

Hérodote raconte que des jeunes hommes du peuple des Nasamons dans la Syrte, poussés par l'esprit d'aventures, se hasardèrent à pénétrer dans l'intérieur de l'Afrique, et qu'après avoir traversé une vaste région habitée seulement par des bêtes féroces, ils parvinrent à une contrée marécageuse peuplée de petits hommes noirs arrosée par un fleuve où abondent les crocodiles et couverte d'arbres fruitiers. C'est également de la Syrte, devenue le golfe de la Sidre, que sont partis les explorateurs qui, de 1850 à 1855, ont fouillé en tous sens l'Afrique centrale, ajoutant d'immenses développements aux vagues renseignements de l'historien grec. Entre eux et lui, dans la durée des vingt-trois siècles qui les séparent, les connaissances relatives à l'Afrique intérieure ne s'étaient pas enrichies de notions bien considérables ni surtout bien positives jusqu'au temps de Denham et de Clapperton. L'infatigable voyageur arabe du moyen âge Ebn-Batuta et, après lui, Léon l'Africain ont suivi le cours du Niger, ils ont même vu Timbuktu ; ils savent que l'intérieur de la Nigritie est occupé par une grande mer, mais rien d'assez certain ne résulte de leurs récits. Les Anglais se décidèrent alors à pénétrer eux-mêmes dans le centre de l'Afrique et à soulever de leurs mains le voile dont cette région s'enveloppait. L'expédition de Denham, Oudney et Clapperton, de 1822 à 1824, eut pour conséquence de préciser la situation et l'étendue du lac Tsad et de ses affluents, d'établir quelques relations avec le Bornu, pays baigné par cette mer intérieure, de faire parvenir à l'Europe le nom de plusieurs autres états, la plupart inexplorés, d'apporter des révélations neuves et inattendues sur la population, les habitudes, l'état social des pays africains, enfin de faire espérer que peut-être il ne serait pas impossible d'ouvrir avec les peuplades de ce monde reculé des relations de commerce. Afin de contrôler les assertions, de compléter les faits recueillis par ces explorateurs, le gouvernement anglais décida en 1849 l'envoi d'une nouvelle expédition, et c'est à cette entreprise exécutée avec un courage et une persévérance supérieurs à tous les éloges que MM. Richardson, Barth, Overweg et Vogel ont eu, avec des fortunes diverses, la gloire d'attacher leurs noms. Richardson s'était déjà fait connaître par un voyage heureusement accompli en 1846 et 1847 de Murzuk, capitale du Fezzan, aux oasis de Ghat et de Ghadamès dans le désert. M. Barth, un des jeunes érudits les plus distingués de l'Allemagne, s'était aussi familiarisé avec la vie nomade par le long parcours du littoral de la Méditerranée et de la Mer-Noire ; il avait vécu avec les caravanes, parlé l'arabe, étudié la langue berbère : on ne pouvait être mieux préparé pour le voyage qu'il allait entreprendre. Overweg, géologue et naturaliste allemand, n'avait pas encore eu l'occasion d'acquérir l'expérience des contrées de l'Afrique, mais il était plein d'ardeur juvénile. Quant à Vogel, Allemand comme les deux derniers, c'était un astronome et un physicien de vingt-deux ans. Il ne participa pas tout d'abord à la mission, et ne partit que lorsque la mort de Richardson, en 1851, eut fait un premier vide dans les rangs de la petite expédition.

De ces quatre voyageurs, un seul est revenu : c'est Barth ; seul il a eu le bonheur de rentrer en Europe, de revoir sa patrie et sa famille, de dérouler intacts et complets les trésors de science qu'il avait amassés, de présenter aux hommes intelligents et instruits de l'Europe, qui durant cinq années ont eu les yeux tournés avec sollicitude vers les régions qu'il explorait, son ample butin. Le journal de Richardson a été publié, mais ce n'est qu'un document incomplet, puisque l'auteur est mort à mi-chemin. Les notes d'Overweg auraient eu besoin, pour être coordonnées et mises à profit, d'une main que la mort a glacée. Vogel, ce noble jeune homme auquel le climat avait pardonné, n'est que trop probablement tombé sous les coups d'un sauvage féroce. Avons-nous encore une lueur d'espoir qu'il revienne ? ses notes au moins, legs de sa science et de son courage, seront-elles sauvées ? Il n'y a personne en Europe qui puisse le dire. Toutefois, au point de vue spécial de notre curiosité, nous n'avons pas à nous plaindre ; Barth rapporte à lui seul de quoi nous surprendre et nous instruire : archéologie, ethnologie, découvertes géographiques, descriptions, détails pittoresques, les éléments les plus variés sont semés dans la relation de son voyage. Dans la multitude des faits que cet ouvrage embrasse et des pays où il promène le lecteur, il nous semble qu'il y a trois grands centres qui se détachent particulièrement : le désert, le Tsad et le Niger, et c'est sous ces divisions, tracées pour plus de clarté, que nous allons nous efforcer de le suivre.

I. — Le désert

Dans les derniers jours de décembre 1849, Barth et Overweg, précédant en Afrique M. Richardson, qui ne devait pas tarder à les rejoindre, se trouvaient à Tunis, d'où ils partirent le 30 du même mois, après quelques préparatifs. La première heure de 1850 les trouva cheminant déjà loin du monde avec lequel ils venaient de rompre, le visage tourné vers l'inconnu, et près de la Syrte, sur une des stations de la route qui allait les mener de Tunis à Tripoli, ils échangèrent leurs poignées de main et leurs vœux pour le succès de leur vie nouvelle.

Rien de triste et de désolé comme ce misérable état de Tunis. Ce n'est pas que la nature lui ait refusé ses dons : loin de là, une superbe végétation y déploie souvent toute sa magnificence, et les Romains y ont laissé des vestiges de leur puissance et de leur grandeur ; mais le luxe de la nature et les débris du passé ne font que rendre plus affligeant le contraste de la misère présente : peu ou pas d'industrie, quelques chétives demeures, une population misérable qui végète sous la dure oppression des soldats du bey. Il est surprenant de voir combien peu la proximité des peuples européens et le contact de la mer qui baigne les pays les plus civilisés du monde a profité aux états musulmans qui bordent le littoral de la Méditerranée. Toutefois M. Barth affirme que la régence de Tripoli est dans un état beaucoup moins déplorable que celle Je Tunis. Sur cette terre semée jadis de villes fameuses, les Romains ont tracé partout leur forte empreinte ; on trouve des tronçons d'aqueducs, des tombeaux, des portiques non-seulement sur la côte, mais même bien avant dans le désert.

À Tripoli, où nos voyageurs arrivèrent après une navigation de quelques jours et un voyage par terre, qui ne furent ni sans ennui, ni sans périls, il fallut attendre pendant un mois M. Richardson, que les derniers préparatifs de l'expédition retenaient encore. Ce délai, les impatiens voyageurs l'employèrent en excursions dans un assez large rayon autour de la ville. Ils se dirigèrent dans le sud-ouest d'abord, à seize ou dix-huit milles à travers une contrée aride et sablonneuse entrecoupée de bouquets de verdure, jusqu'à la chaîne de montagnes du Jebel-Yefren et du

Ghurian, dont les pics bouleversés fournissent de pittoresques points de vue ; la nature y déchaîne de temps en temps des ouragans tels que des torrents se creusent des lits dans ce sol de roc et de pierre, et ramassent une masse d'eau suffisante pour se précipiter, à travers plusieurs lieues de sable, jusqu'à la mer. Cette contrée est habitée par de belliqueux montagnards, Arabes et Berbères, qui ne subissent qu'avec impatience l'oppression des soldats turcs du bey, et dont les villages, pendus aux flancs des montagnes, perdus dans les ravins, souvent dévastés, sont toujours des foyers de rébellion. Des monuments du temps des Antonins s'y dressent encore. Le château Ghurian, une des places fortes du pays, est assis sur des montagnes droites comme des falaises ; alentour sont éparses, dans des sites pittoresques, au milieu de plantations de figuiers, d'amandiers, de vignes, d'arbres particuliers à la contrée, les demeures souterraines qui servent de refuge à des Juifs et à des Berbères vivant là en bonne intelligence depuis un temps immémorial ; ces derniers ont adopté les croyances juives.

Plus loin vers l'est, en s'avançant dans une plaine riche en vieux souvenirs, on rencontre un monument d'architecture étrange qui ne saurait être rapporté ni aux temps arabes, ni à la domination romaine : sur une base commune plantée dans la terre s'élèvent deux piliers quadrangulaires hauts de dix pieds, un peu inclinés l'un vers l'autre, et sur lesquels est jetée en travers une pierre massive longue de six pieds six pouces ; d'autres pierres, les unes plates, les autres hautes et creusées à leur surface, gisent au pied du monument principal, dont l'ensemble présente une frappante analogie avec nos monuments celtiques. Selon toute présomption, ces constructions doivent leur origine à1 des croyances religieuses, et elles indiquent ou l'énorme extension d'une des vieilles familles du globe, ou seulement peut-être l'existence chez des peuples divers d'une religion simple et uniforme dans l'expression de ses croyances primitives. Quelques-unes laissent apercevoir des traces d'art ; ce sont des mains romaines qui, plus tard, auront orné de quelques sculptures leur style rude et grossier. Plus loin, sur le bord d'un ravin, se dressent des colonnes du plus pur ionique ; là où s'étendaient quelques riants ombrages, ou s'ouvrait un vallon, les grands personnages romains de l'Afrique se plaisaient à bâtir leurs monuments funéraires ; le plus remarquable par ses proportions est celui qu'on appelle *Kasr-Doga* ; il n'a pas moins de quarante-sept pieds de long sur trente et Un de large ; les Arabes en ont fait jadis un château. De ce point quelques journées de marche ramènent à la côte et conduisent à Lebda, l'antique et Illustre Leptis ; de là, les voyageurs regagnèrent Tripoli en suivant le bord de la mer.

Sur ces entrefaites, les instruments étaient arrivés d'Angleterre, précédant les armes, les présents désignés aux souverains et aux chefs de tribus et le reste du matériel, dans lequel était compris un bateau de fer démonté et destiné à naviguer sur le Tsad. Munis de tentes assez basses pour résister à la violence des vents et intérieurement doublées pour arrêter les rayons du soleil, Barth et Overwieg, bientôt rejoints par M. Richardson, prirent définitivement la direction du sud, et les premiers jours d'avril les virent sur leurs chameaux ; suivis seulement de deux domestiques et des conducteurs de leurs bêtes de somme, dans le chemin qui conduit les caravanes au Fezzan, contrée située au midi de Tripoli, et qui n'est elle-même qu'une des plus grandes oasis répandues dans le désert.

Des plaines rocheuses ou calcaires coupées de montagnes sablonneuses dans lesquelles des torrents ont creusé de larges ravins presque constamment à sec, et que l'on appelle *wadis* ; des chaînes bouleversées d'où s'élancent des pics de formes bizarres, un aspect général de désolation ; puis, de loin en loin, au milieu de ce paysage dévasté, un frais vallon, un site alpestre de toute beauté ; partout où le sol est argileux et ne laisse pas filtrer l'eau, une verte oasis avec sa riante perspective de palmiers, de champs d'orge et de froment : tel est le désert ; ce n'est pas une plaine uniforme et déprimée, comme on est porté à se le représenter. En y pénétrant par le nord, on monte toujours, et certains points au centre du Sahara ont jusqu'à deux mille pieds au-dessus du niveau de la mer. Plus loin, dans les parties fertiles du Soudan, le sol s'abaisse pour se relever ensuite de nouveau, non plus cette fois en un large plateau, mais en une chaîne de hautes montagnes parallèle à la ligne de l'équateur, dont elle est voisine, et derrière laquelle l'Afrique dérobe les derniers et les moins pénétrables des mystères que lui arrache un à un et avec tant de difficultés la curiosité européenne. La petite oasis de Mizda, fa première que rencontrèrent les trois voyageurs, a été large et florissante ; mais ses puits sont négligés, et la vie s'en retire. M. Barth pense qu'on doit l'identifier avec le Musti-Komè (GREC) oriental de Ptolémée ; le Romains, les Arabes, les chrétiens même y ont laissé des traces de leur passage. Quel est l'apôtre ignoré qui vint prêcher dans ce coin du désert, l'architecte inconnu qui bâtit sur une pointe de rocher l'église ; ou le couvent dont on voit encore les grands débris ? Les voûtes mutilées, les pleins-cintres, les chapiteaux, dont les dessins bizarres ne sont pas sans ressemblance avec nos chapiteaux romans, peuvent seuls répondre. Cette église ou plutôt ce monastère a une abside, trois nefs, deux étages, dont le plus élevé est divisé en cellules, et l'ensemble, de l'édifice figure une sorte de carré de quarante-trois pieds de côté. M. Barth en reporte l'origine vers le XIIe siècle.

En continuant d'avancer dans le désert, on trouve un beau sépulcre et une tour, souvenirs solitaires de la grandeur romaine. Puis en pénétrant plus avant encore dans le midi, le voyageur voit apparaître, non sans émerveillement, un des plus beaux spécimens de l'art antique. C'est encore un tombeau. Il a trois étages reposant sur une base de trois marches de pierre dans laquelle est creusée une chambre sépulcrale, et le tout n'a guère moins de quarante-huit pieds. Du côté le plus orné, qui était la façade principale, l'étage inférieur se compose de six rangées de larges pierres, encadrées par deux colonnes. Deux animaux sauvages, semblables à des panthères, y sont représentés les griffes appuyées sur une urne ; au-dessus sont sculptées des scènes de chasse ; la frise est formée de rosettes, avec des centaures, un coq, des guirlandes de raisins, des moulures. L'étage supérieur offre une fausse porte richement ornée et surmontée de deux génies soutenant une couronne, puis un buste d'homme et un buste de femme contenus dans une même niche ; au-dessus, des grappes de raisin, une frise de l'ordre ionique et des moulures ; enfin, pour couronnement de l'édifice, une pyramide dont le temps n'a mutilé que les dernières pierres. Les Arabes eux-mêmes ont respecté ce monument, qu'on ne peut, dit M. Barth, contempler dans cette solitude, sur le penchant d'un plateau escarpé, sans se sentir saisi d'une émotion et d'une vénération profondes. Plus loin, on trouve encore un autre sépulcre, moins élevé, de proportions moins belles très orné cependant, et qui, même en Italie ou en Gaule, attirerait l'attention des voyageurs. Il est vrai que près de là s'élève Ghariya, qui fut une station romaine fortifiée, comme l'attestent des tours, des murailles ornées de sculptures, et une porte massive, d'un très beau travail, ouvrant encore son large plein-cintre, surmontée d'une couronne dans laquelle est gravée la légende très lisible : PRO. AFR. ILL. (*provincia Africæ illustris*). Le caractère général de ces constructions et les débris d'une inscription attestent qu'elles ne sont pas postérieures au règne d'Alexandre Sévère. Auguste, les Antonins, les Sévères, telles sont les époques où la vie et la civilisation débordèrent des fertiles rivages de la Méditerranée jusque dans le désert, et où ces merveilleux artistes de l'antiquité, en qui semble avoir été inné le goût des proportions et de l'harmonie, semaient d'une main prodigue les chefs-d'œuvre si loin de l'Italie. Ghariya est à un peu plus du 30e degré de latitude nord et sur la limite du Hammada, région dont le nom signifie plaine de sables. Une vieille coutume veut qu'à l'entrée de cette plaine les pèlerins venant du nord, et qui n'ont jamais franchi les barrières du Sahara, ajoutent leur pierre à un monceau que depuis des siècles y accumulent les voyageurs. Ainsi firent nos Européens, et s'engageant dans ce Hammada sablonneux, sans eau, et coupé de peu de wadis, ils atteignirent la ville relativement grande de Ederi, bâtie dans une situation pittoresque sur le flanc d'une montagne et entourée de jardins. Au-delà de Jerma, située dans une fertile oasis, et qui paraît être l'antique Garama de Pline et de Strabon, ils virent le monument le plus méridional de la domination romaine. Enfin, dans les premiers jours de mai, ils atteignirent Murzuk, d'où ils ne repartirent qu'au milieu de juin.

La cause de ce long délai était dans la difficulté de se procurer une escorte et d'obtenir des sûretés pour traverser sans péril la partie du désert où règnent les Tawareks. Le projet de nos voyageurs n'était pas d'aller en ligne droite au Soudan, mais bien de visiter, en inclinant vers le sud-ouest, une contrée qui, dans le désert même, présente un grand degré d'intérêt, l'état d'Air et sa capitale Agadès, où pas un Européen encore n'avait pénétré. Les principales étapes de ce grand trajet devaient être les oasis de Ghat, Asiu et Tintellust. Comme Murzuk est un des principaux entrepôts du commerce qui se fait à travers le désert et le point où se rencontrent la plupart des caravanes qui sillonnent le Sahara, M. Barth et ses compagnons trouvèrent à se placer sous la protection de quelques marchands appartenant à la tribu des Tinylkum, laquelle a le monopole des transactions entre le Tripoli et le Soudan.

La population de l'Afrique septentrionale, particulièrement celle du Fezzan et des oasis, appartient à la grande famille berbère, issue du mélange d'individus de la race sémitique avec des tribus indigènes. Son établissement remonte à des temps dont l'histoire n'a pas gardé le souvenir. Libyens, Numides, Maures, Gétules, tous ces peuples de l'antiquité sont des Berbères : mais les Arabes vinrent : ils refoulèrent les uns, se mêlèrent aux autres, et imposèrent à la plupart leurs croyances. Cette révolution paraît s'être accomplie vers le milieu du XIe siècle de notre ère. Parmi les vaincus berbères que la conquête arabe chassait devant elle se trouvaient les nombreuses tribus qui aujourd'hui font la loi au désert, et que l'on désigne sous le nom commun de Tarki ou Tawareks. Cette appellation, que l'on voit apparaître pour la première fois dans des historiens arabes qui écrivaient il y a trois ou quatre cents ans, n'est pas celle que ces hommes se donnent à eux-mêmes ; ils ont conservé le vieux nom de Mazighs ou Amazighs, sous lequel les anciens avaient déjà appris à les connaître. Quant au mot *Tawarek*, il parait signifier apostat, et faire allusion à leur conversion du christianisme à la religion de Mahomet. Ce sont des musulmans fanatiques, mais de peu d'instruction. Toutes leurs connaissances religieuses se résument dans cette profession de foi : « Il y a un Dieu, et Mahomet est son prophète. » Du christianisme ils ont retenu les mots *Mesi* (Messie), dont ils ont fait un des noms de la Divinité, et *angélus*, avec la signification d'ange. Des superstitions de leur premier âge se mêlent à leurs croyances. Avec le nom de *Mesi*, ils en donnent à Dieu un autre qui rappelle l'Ammon égyptien, et M. Barth a trouvé dans le désert des sculptures primitives qui, par le caractère du dessin, semblent accuser des rapports, sinon de race, du moins de contact avec l'antique Égypte. Ils se divisent et subdivisent en un nombre incroyable de tribus et de sections qui sont considérées comme plus ou moins nobles suivant qu'elles sont plus ou moins pures de mélange avec les races noires. Les plus illustres et les plus puissantes sont celles des Azkars, dont les femmes sont remarquables par leur beauté, et les Imoshagh, qui, de même que les anciens Spartiates faisaient travailler à leur profit les Laconiens, ne subsistent que du travail de leurs esclaves et du tribut qu'ils prélèvent sur les caravanes depuis un temps antérieur à Léon l'Africain. La race puissante des Kelowi, qui domine dans l'Aïr ou Asben, a cela de particulier qu'elle est entièrement sédentaire, ce que la syllabe préfixe *kel* indique dans le langage berbère. Chez les Azkars et les Kelowi subsiste une coutume très bizarre, dont on trouve aussi quelques traces chez certains peuples de l'antiquité : c'est la transmission du pouvoir, non du père à son fils, mais au fils de sa sœur. Tacite nous apprend que le lien de parenté qui rattache le neveu à l'oncle maternel était presque aussi sacré chez les Germains que celui qui unit le fils au père, et que, dans certains cas même, au fils on préférait le neveu. Cette préférence n'allait cependant pas jusqu'à substituer celui-ci à celui-là dans les successions. Aujourd'hui, à la côte de Malabar, ce mode singulier d'hérédité est en pratique.

Montés sur leurs *méheris*, chameaux rapides, les Tawareks sillonnent en tous sens le désert ; les uns s'adonnent au commerce, les autres rançonnent les caravanes ; les chefs font payer le passage sur leur territoire par un tribut qui souvent ne préserve pas les marchands des exactions, du pillage et quelquefois même du meurtre. C'est ainsi qu'une petite caravane du peuple des Tébus, qui habite une partie plus orientale du désert, fut massacrée aux environs d'Asiu peu de temps après le passage du docteur Barth et de ses compagnons ; les Tawareks Hadanara, désappointés de n'avoir rien pu extorquer aux Européens, se jetèrent sur les malheureux Tébus, les tuèrent et s'emparèrent de dix chameaux et d'une trentaine d'esclaves que ceux-ci menaient avec eux. Les déprédations des Tawareks ne sont du reste pas limitées au désert ; ils font des incursions jusque dans le cœur du Soudan ; l'état de Kanem, qui s'étend sur le rivage septentrional du Tsad, est particulièrement en butte à leurs ravages. Nous y retrouverons plus loin ces terribles dévastateurs. Dans le désert même, il est rare qu'ils procèdent à force ouverte : en général ils s'insinuent dans une caravane, y suscitent des querelles et profitent du désordre pour exercer leurs brigandages. Leurs armes sont la lance, l'épée et de grands boucliers de peau d'antilope en forme de carré long : la plupart possèdent aussi des fusils de fabrique anglaise ; mais pour beaucoup c'est, faute de munitions, moins une arme qu'un ornement. Leur long vêtement, le morceau d'étoffe dont ils se couvrent le bas du visage et l'habitude qu'ils ont de se raser une partie de la tête contribuent à rendre leur aspect plus farouche. Ce dernier usage me paraît constituer un nouveau rapprochement entre eux et les *Maxues* d'Hérodote, qui se rasaient un côté de la tête. Tels sont les hôtes au milieu desquels les trois Européens étaient condamnés à vivre pendant plusieurs mois ; leur bagage, leurs armes, les lourdes caisses contenant des instruments, du biscuit, des objets utiles à eux seuls, mais qui étaient supposées pleines de trésors, excitaient toutes les convoitises, et il leur fallait un courage et une patience sans bornes, une vigilance infatigable pour échapper aux embûches et surmonter le mauvais vouloir de leurs compagnons ou même de leurs serviteurs, de tous les brigands et fanatiques dont ils étaient entourés.

Le jour, tandis que la caravane, déroulant sa longue file de chameaux cheminait avec lenteur, les voyageurs, tantôt en avant, tantôt en arrière, couraient sur leurs hautes montures partout où quelque objet attirait leur curiosité ; Overweg étudiait la nature des terrains, marne, grès ou calcaires ; M. Richardson inspectait le bagage, surveillant surtout avec sollicitude son bateau, dont les pièces démontées se balançaient sur le dos de ses chameaux ; Barth, causant avec les plus intelligents et les moins farouches de ses compagnons, tâchait d'en tirer quelque renseignement sur leur langage et leur histoire, et amassait des matériaux pour débrouiller l'ethnologie obscure de ces contrées, ou bien il s'arrêtait pour dessiner un site pittoresque. Le soir, on plantait les tentes auprès d'un puits ou de l'un de ces larges rocs que le temps et les orages ont creusés, bassins naturels dans lesquels l'eau du ciel se conserve claire et transparente ; des dattes, des figues, un peu de riz ou de farine, la pâte agréable et rafraîchissante appelée *zummita*, quelquefois un oiseau tué près du puits, composaient le repas. Les Tinylkum, qui sont de fervents musulmans, mêlant leurs voix pour la prière, faisaient entendre une cadence mélodieuse, interrompue tantôt par de grandes exclamations, tantôt par une plainte douce et mélancolique. Bientôt les bruits s'éteignaient, mais quand le silence avait repris possession du désert, l'heure du repos n'avait pas encore sonné pour les Européens : dans les passages périlleux, il fallait veiller à tour de rôle à la sûreté du petit camp, des bêtes de somme et des bagages. De plus, bien que la marche du jour eût été pénible ou dangereuse, la chaleur accablante, bien que la nuit fût fraîche et même froide, comme il arrive si souvent dans le désert, il y avait une tâche dont celui des voyageurs qui est revenu semble ne s'être jamais départi : c'était de résumer les travaux de la journée, de réunir ces notes auxquelles nous devons la relation ou mieux le journal savant, clair et précis de ce grand voyage.

La route qui mène de Murzuk à Ghat coupe le désert presqu'en ligne droite de l'est à l'ouest. À mi-chemin environ entre ces deux stations se dressent, dans un endroit appelé Telisaghé, de grands blocs de grès sur lesquels des dessins sont profondément creusés. Le plus grand de tous représente un groupe de trois personnages : à gauche, un homme à tête de taureau, avec de longues cornes ; son bras droit est remplacé par une sorte d'aviron, sa main gauche tient une flèche et un arc ou un bouclier ; entre ses jambes, une longue queue pend de son corps étroit. Il est penché en avant, et tous ses mouvements accusent une certaine vivacité. En face de ce curieux personnage s'en trouve un autre plus petit, mais non moins remarquable : homme jusqu'aux épaules, il a une tête qui rappelle celle de l'ibis égyptien, sans cependant lui être identique. Cette petite tête pointue a deux oreilles et une sorte de capuchon. La main droite tient un arc ; le bras gauche est replié sur le corps. Entre ces deux animaux demi-humains placés dans une attitude hostile est un bouvillon dont les jambes, grossièrement dessinées, se terminent en pointe. Ailleurs un bloc, qui n'a pas moins de douze pieds de long sur cinq de haut, représente un troupeau de bœufs dans les positions les plus variées : d'autres blocs figurent encore des bœufs, des chevaux, des ânes. Ces sculptures ne sauraient être reportées à l'époque romaine ; elles rappellent plutôt l'art égyptien. En tout cas, elles confirment un fait curieux indiqué déjà par un passage de saint Augustin : *Les rois des Garamantes aiment à faire usage des taureaux.* Au milieu des bêtes de somme figurées dans ces sculptures, aucun chameau n'apparaît ; c'est qu'en effet le chameau est une acquisition relativement récente pour le désert. Au-delà de l'endroit où se voient ces sculptures intéressantes, le chemin suivi par notre caravane se poursuivait sur un plateau terminé à pic par des rocs perpendiculaires de forme fantastique ; il traversait ensuite une plaine aride et couverte de cailloux, puis il s'enfonçait dans une région de hautes montagnes dont les pics, jetés en désordre, revêtent des formes bizarres et pittoresques. L'un d'eux, le mont Idinen, apparaît de loin comme un immense château, avec des groupes de tours et de hautes murailles ; il a frappé l'imagination des indigènes, qui le croient hanté par des génies et qui l'appellent le palais des démons. Barth, espérant y trouver des sculptures ou des inscriptions, résolut d'aller visiter le château enchanté. Les Tawareks essayèrent de l'en détourner, et pas un ne voulut lui servir de guide ; il n'en persista pas moins dans son dessein, et, après s'être fait indiquer la marche que la caravane allait suivre et la direction dans laquelle se trouvait le puits près duquel elle devait camper, il partit seul, muni d'un peu d'eau et de biscuit.

Devant lui s'ouvrait une plaine nue et désolée, couverte de cailloux noirs, à laquelle succédaient quelques herbages où sa présence fit lever de belles antilopes, puis des ravins, des ondulations de terrain semées de larges blocs de rochers ; mais le mont Idinen était plus éloigné que la perspective ne l'eût fait croire, et le pied de la montagne enchantée semblait toujours reculer. Il était dix heures, et le soleil commençait à répandre toute sa chaleur, nulle part le moindre ombrage ; Barth, fatigué et désappointé, dut faire appel à toute son énergie pour descendre au fond d'un ravin qui lui barrait le passage et remonter l'autre bord. Enfin il arriva tout épuisé sur la crête de l'Idinen : pas d'inscriptions ou de sculptures, seulement une vue magnifique ; mais de quelque côté qu'il tournât les regards, aucune trace de la caravane. Il s'assit un instant pour reprendre des forces et faire un léger repas ; par malheur son biscuit et ses figues n'étaient plus mangeables, et sa provision d'eau était si petite qu'il n'eut pas de quoi apaiser sa soif. Cependant le jour avançait ; dans la crainte que la caravane, le croyant sur les devants, ne poursuivît sa marche, il redescendit et s'engagea dans le ravin qui, d'après les indications de ses guides, devait le conduire au puits ; il était alors environ midi, la chaleur était accablante, le voyageur avait une soif ardente, et le peu d'eau qu'il avait pris n'avait guère restauré ses forces. À la longue il atteignit le creux de la vallée, mais pas un être vivant n'apparaissait aussi loin qu'il pût étendre ses regards. Incertain de la direction qu'il devait suivre, il cria, monta sur une hauteur couronnée par un buisson d'éthel et déchargea ses pistolets, mais il ne reçut aucune réponse. Un fort vent d'est lui apportait des bouffées d'une chaleur mortelle. Il traversa quelques monticules de sable, gravit une autre hauteur et tira de nouveau. Pas de réponse. Il crut que la caravane pouvait être encore dans l'est et prit cette direction. En cet endroit, la vallée était fertile et couverte d'une riche végétation ; dans un coin se trouvaient quelques huttes faites avec des branches d'éthel. Barth se dirigea avec empressement de ce côté ; elles étaient vides. Entièrement épuisé, il s'assit alors sur le bord d'une plaine nue d'où sa vue plongeait dans toute la profondeur du wadi et attendit avec confiance la caravane. Un moment il crut voir une file de chameaux ; ce n'était qu'une illusion. Le soleil allait disparaître. Incapable de faire quelques pas sans être obligé de s'asseoir, il ne put que choisir entre les huttes ou un éthel qui se trouvait à peu de distance pour passer la nuit ; il préféra l'arbre comme se trouvant sur un lieu plus élevé et dominant un plus vaste espace ; il voulait faire du feu, mais ses forces ne lui permirent pas de rassembler le bois nécessaire ; la fièvre s'emparait de lui, et il était abattu.

« Après être resté à terre une heure ou deux, dit-il, je me levai quand les ténèbres furent entièrement venues ; regardant autour de moi, je découvris, à ma grande joie, un large feu dans le sud-ouest, en bas de la vallée. Plein de l'espoir que ce devaient être mes compagnons, je déchargeai mon pistolet pour me mettre en communication avec eux, et j'écoutai le long roulement de la détonation, comptant qu'il arriverait à leurs oreilles ; mais je n'entendis pas de réponse, tout restait silencieux : je voyais la flamme monter vers le ciel et m'indiquer où je trouverais mon salut sans pouvoir mettre à profit ce signal. Après une longue attente, je tirai un second coup, qui resta aussi sans réponse. Je m'étendis à terre avec résignation, remettant ma vie aux soins du Tout-Miséricordieux. Ce fut en vain que je cherchai le repos ; plein d'inquiétude, pris par la fièvre, je m'agitais sur le sol, attendant avec anxiété et terreur l'aube du jour suivant. Enfin cette longue nuit arriva à son terme ; l'aurore commença à poindre, partout le calme et le silence ; je pensai que c'était le moment le plus propice pour faire parvenir un signal à mes amis ; je rassemblai toutes mes forces, mis dans mon pistolet une grosse charge, et tirai — une fois, — deux fois. Le bruit me semblait devoir réveiller les morts à leur tombe, tant il était répercuté par la chaîne de montagnes et roulait le long du wadi ; mais pas de réponse. Je ne savais plus quelle idée me faire de la distance, considérable apparemment, qui me séparait de mes compagnons, puisqu'ils n'avaient pas entendu mes coups de feu. Le soleil, que j'avais moitié désiré, moitié attendu avec terreur, se leva enfin. Ma situation devint plus misérable avec la chaleur ; je me traînais, changeant à chaque instant de position, pour trouver un peu d'ombre sous les branches sans feuilles de mon arbre. Vers midi, à peine un restant d'ombrage, juste pour abriter ma tête ; je souffrais toutes les tortures de la soif, et suçai un peu de mon sang. Enfin je perdis connaissance, et tombai dans une espèce de délire d'où je ne sortis que lorsque le soleil s'effaça derrière les montagnes. À ce moment je recouvrais mes sens, et, me traînant de dessous l'arbre, je jetais un mélancolique regard sur la plaine, quand soudain retentit le cri d'un chameau. De ma vie je n'ai entendu plus délicieuse musique. Je me soulevai un peu de terre, et vis un Tarki passant près de moi et jetant les regards de tous côtés. Il avait suivi mes traces sur le sable, puis les avait perdues sur le sol caillouteux, et ne savait plus dans quelle direction me chercher. J'ouvris ma bouche desséchée, et criai autant que mes forces épuisées le permettaient : *Aman ! aman !* (de l'eau ! de l'eau !) J'eus le bonheur d'entendre la réponse : *Iwah ! iwah !* et en quelques instants le Tarki fut à mon côté, lavant et arrosant ma tête, tandis que je poussais un cri involontaire et non interrompu de *el hamdu lillahi ! el hamdu lillahi !* »

Le libérateur de M. Barth le coucha sur son chameau, et rejoignit la caravane, où l'on désespérait de revoir l'imprudent voyageur qui, durant trois jours, ne put presque ni parler ni manger, tant sa gorge était desséchée. Peu à peu cependant ses forces se rétablirent, et lorsque peu après on arriva à Ghat, il avait recouvré sa vigueur.

Ghat ou mieux Rhat, si l'on voulait reproduire dans toute sa sincérité la prononciation indigène, n'est pas une grande ville : elle ne compte guère plus de deux cent cinquante maisons ; néanmoins son commerce est considérable, et il le serait bien plus encore si la jalousie des Tawati, habitants d'une oasis située plus à l'ouest dans le désert, ne lui interdisait le chemin direct de Timbuktu. Elle est située dans une assez jolie position, avec ses jardins et ses bandes de palmiers, au pied de la longue ligne rocheuse des monts Akakus ; mais la culture n'y est pas aussi développée qu'elle pourrait l'être avec plus de soins et une meilleure distribution des eaux. Après quelques négociations avec les chefs tawareks, l'expédition put reprendre sa marche à travers le désert, cheminant tantôt dans des plaines de sable et de cailloux, tantôt dans de profonds ravins bordés de montagnes cyclopéennes ; les tempêtes de sable, les fantasmagories du mirage étaient les accidents journaliers de sa marche. Quelquefois, quand la chaleur était trop accablante, on plantait la tente à midi, et l'on poursuivait la route aux clartés de la lune. À mesure qu'on avançait dans le sud, le changement de climat devenait plus sensible : des arbres et des plantes de transition entre le désert et les régions tropicales se mêlaient aux palmiers et aux éthels, on rencontrait de grands troupeaux de bœufs sauvages, des autruches ; mais c'est plus loin encore, tout au sud de l'Aïr, que les premières girafes commencent à se montrer Le tonnerre grondait, le sommet des montagnes s'enveloppait de nuages ; cependant les tempêtes de sable étaient plus fréquentes encore que les averses de pluie.

Au-delà d'Asiu, les difficultés naturelles se trouvaient en grande partie surmontées ; mais d'autres dangers attendaient nos voyageurs : les Tawareks, contenus jusqu'ici par les négociations et les présents, devenaient chaque jour plus exigeants, des bandes menaçantes s'approchaient de la caravane, leurs émissaires se mêlaient aux compagnons des Européens, et cherchaient à exciter leur fanatisme. La nuit, on campait en ordre de bataille, les pièces du bateau placées de façon à protéger les tentes, et il fallait veiller à tour de rôle pour se tenir en garde contre une attaque, ou au moins contre le vol des chameaux. Les voyageurs, sans leurs bons fusils armés de baïonnettes qui effrayaient particulièrement les brigands, n'eussent pas impunément franchi les limites de l'Aïr ou Asben, qui sont infestées de pillards. Enfin Annur, le chef de Tintellust, envoya une escorte, qui permit aux voyageurs d'entrer sains et saufs dans cette ville, une des plus considérables de l'Aïr après la capitale Agadès. Visiter Agadès était un des vœux les plus chers de l'expédition. Barth obtint la faveur de se joindre à une caravane qui se dirigeait vers cette ville, et il partit emportant quelques présents pour le sultan d'Aïr, afin d'en obtenir des lettres de protection auprès des chefs des contrées circonvoisines. L'Aïr présente une succession alternative de riches vallées et de montagnes rocheuses. Septembre y est la saison de pluies abondantes, qui montrent que cette contrée appartient autant à la région du Soudan qu'au désert. Les bœufs y sont d'un usage assez fréquent, les antilopes très nombreuses ; des singes, des chacals, des lièvres, des pigeons, des cygnes sauvages, tels sont les animaux que M. Barth eut occasion d'y voir. Il y rencontra aussi des lions : le lion d'Aïr est de petite taille, sans crinière et timide. Dans les riches vallées, à côté des beaux bouquets du palmier appelé *dum*, le voyageur trouva un remarquable spécimen de l'arbre appelé dans le Hausa *baure*, qu'il ne faut pas confondre avec le baobab d'Adanson. C'est une sorte de figuier à feuille épaisse du plus beau vert. Celui que mesura Barth avait vingt-six pieds de circonférence à huit pieds du sol, et quatre-vingts de hauteur ; il se terminait par une abondante et vaste couronne. L'asclépias gigantesque, qui ne se montre que dans les endroits susceptibles de culture, témoignait de la fertilité du sol. Quand les arbres étaient moins serrés, des melons sauvages couvraient la terre. On voyait aussi çà et là quelques champs de blé, restes d'une culture qui a été plus étendue qu'elle ne l'est aujourd'hui. Il faut sept jours à une caravane pour faire le chemin qui sépare Tintellust d'Agadès. Près de la route qui conduit de l'une à l'autre ville gisent les ruines d'Asodi, qui avait, il n'y a encore que peu d'années, une grande renommée d'étendue et d'importance. De ses mille maisons d'argile et de pierre, quatre-vingts à peu près sont habitées maintenant.

Agadès, cette ville située à la limite du désert et du Soudan, rendez-vous des races les plus différentes d'origine et de caractère, est elle-même dans un état de complète décadence. De loin Barth avait admiré son superbe minaret ; ses compagnons lui avaient dit que l'illustre ville comptait autrefois soixante-dix mosquées ; mais soixante aujourd'hui sont abandonnées et en ruines, des quartiers entiers sont déserts, et sur les murs croulants, dans l'emplacement à moitié vide des marchés, de grands vautours au cou nu et rouge, au plumage grisâtre, guettent leur proie sans être inquiétés. La ville est bâtie sur un plateau élevé ; sa fondation ne remonte pas au-delà du XIVe siècle et paraît devoir être attribuée aux Berbères, qui en firent l'entrepôt d'un commerce florissant avec Gogo, ancienne capitale du grand état de Songhay et située bien plus à l'ouest, à peu près à la même latitude, sur le Niger. Le sort d'Agadès a été lié à celui de cette ville. Il y a environ soixante-dix ans, Gogo est tombée au pouvoir des terribles Tawareks, qui l'ont dépeuplée et ruinée. De ce moment date pour Agadès le déclin de sa prospérité ; sa population, qui tirait autant son origine de la race noire du Songhay que des Berbères, a émigré vers le sud et particulièrement dans des villes du Hausa que nous retrouverons dans le cours de ce voyage : Katsena, Tasawa, Maradi, Kano. Elle ne conserve guère aujourd'hui, d'après l'estimation de M. Barth, que sept mille âmes.

C'est quelque chose d'assez bizarre que la situation du sultan d'Agadès. Son élection dépend, et il en était déjà ainsi au temps de Léon l'Africain, du caprice et des intrigues des chefs tawareks. La ville n'a même pas voix délibérative dans cette circonstance. Ces turbulents vassaux ont établi en principe que ce sultan serait choisi dans une famille de grande noblesse que la tradition veut être venue jadis de Stamboul, mais qui n'habite ni dans Agadès, ni même dans l'Aïr ; on conçoit combien la position de ce chef est précaire et difficile au milieu de tribus toujours en guerre. Abd-el-Kader, sultan à l'investiture duquel M. Barth assista, avait déjà régné, puis il avait été déposé, et il le fut de nouveau trois ans après la visite du voyageur. Les revenus de ce triste souverain consistent dans le *kulabu* (c'est la contribution d'une peau de bœuf que doit lui offrir chaque famille à son avènement), puis en un tribut plus considérable, mais très incertain, prélevé sur la tribu dégradée des Imghad, ilotes de l'Aïr, en droits sur les charges de chameaux. entrant dans Agadès, les vivres exceptés, en un petit impôt sur le sel, grand article de commerce dans toute cette partie de l'Afrique, enfin en amendes imposées aux maraudeurs, aux tribus sans lois, et en général à tous ceux qui sont plus faibles que lui. Voici le personnel de sa cour : le *kokoy-geré-geré*, sorte de vizir qui prélève la taxe sur les marchandises importées dans la place : il accompagne la caravane de sel qui va d'Agadès à Sokoto ; le *kokoy kaïna*, chef des eunuques ; les *fadawa-n-serki*, aides de camp ; un kadi et des chefs de guerre.

Le sultan Abd-el-Kader était un homme bienveillant, de peu d'énergie, mais plein de dignité. Abd-el-Kerim, c'est-à-dire Barth, car l'Européen avait pris ce nom, plus commode à prononcer pour les indigènes, lui fut présenté en audience. Pour cette entrevue, le voyageur déploya tout le luxe de son costume africain : sandales richement ornées, burnous blanc sur tobé noir. Le sultan, vêtu d'une chemise grise et d'un vêtement blanc, la tête entourée d'un châle de même couleur, le reçut dans une salle basse dont le toit est soutenu par deux colonnes massives d'argile, de forme primitive et légèrement amincies sous le simple *abacus* qui les couronne. Il était assis entre une des colonnes et le mur. Après les salutations, le voyageur prit un siège, et la conversation s'engagea dans la langue hausa, qui est une de celles dont l'emploi est le plus fréquenta Agadès. Barth exposa comment l'Angleterre, bien que placée à une grande distance, désirait entrer en relations d'amitié et de commerce avec les chefs et les hommes puissants de toute la terre. Le sultan dit que dans son pays retiré il n'avait jamais entendu parler de l'Angleterre, malgré tout son pouvoir, et n'avait pas soupçonné que « poudre anglaise » vînt de là. Il s'étonna que, dans un âge encore jeune, Barth eût accompli déjà de si grands voyages, exprima son indignation en entendant le récit des exactions que les Tawareks de la frontière d'Asben avaient fait subir aux voyageurs, et se montra constamment plein de grâce et de bienveillance. Plus tard, lorsqu'après vingt jours passés à Agadès Barth songea à quitter cette ville, le sultan, pressé d'écrire au gouvernement anglais, ne fît à cet égard que de vagues promesses, qu'il ne tint pas, mais il donna à son visiteur, pour le sultan de Sokoto et d'autres chefs, des lettres de recommandation qui, si elles ne furent pas très efficaces, marquaient du moins sa bonne volonté.

En général, à part des accès de fanatisme excités par la présence d'un chrétien, la population d'Agadès se montra assez bienveillante : on s'aperçoit qu'au sang berbère se trouve mêlé celui de races plus douces. Barth trouva même parmi les habitants quelques hommes véritablement intelligents dont il put tirer des renseignements utiles sur des contrées situées à une grande distance. Un des indigènes des vallées de l'Aïr, avec lequel il eut occasion de converser de l'Égypte, que celui-ci avait visitée dans un pèlerinage, reconnaissait la supériorité de civilisation de ce pays sur le sien ; mais il avait observé aussi que la misère est plus fréquente dans les grands centres de population, et il ajoutait avec un certain orgueil que peu d'hommes en Aïr étaient aussi misérables que toute une classe de la population du Caire. Un autre, un *mallem* tolérant, qualité qui n'est pas ordinaire dans cette classe religieuse de lettrés musulmans, se plaisait, dans ses fréquentes conversations avec Barth, à amener l'entretien sur des sujets de religion. Il manifesta un jour son profond étonnement de voir tant d'inimitié entre musulmans et chrétiens, quand il existait tant de rapprochements entre les points essentiels de leurs croyances. « C'est, lui répondit Barth, que partout les hommes attachent plus d'importance aux pratiques extérieures qu'aux dogmes mêmes de la religion. » Tous les jeunes garçons fréquentent les écoles et reçoivent de l'instruction, mais c'est l'instruction musulmane ; elle consiste uniquement dans la lecture et l'étude du livre sacré. Bien des fois, en traversant la ville, Barth entendit résonner les voix perçantes d'une cinquantaine d'enfants répétant avec énergie et enthousiasme les versets du Koran que leur maître avait écrits pour eux sur des tablettes de bois.

Un goût très vif pour la danse et la musique est encore un point de ressemblance entre les habitants d'Agadès et les peuples du Soudan. Les femmes ne sont pas astreintes à la réclusion, et il s'en faut que les mœurs soient chastes. Après le départ du sultan pour une expédition contre les tribus du voisinage, les femmes ne gardèrent plus aucune réserve à l'égard du voyageur. Un matin, cinq ou six vinrent dans sa maison lui faire des propositions plus que légères. « Deux d'entre elles, dit-il, étaient vraiment jolies et bien faites, avec de beaux cheveux noirs tombant en tresses, des yeux animés et un beau teint ; mais je savais trop quelle réserve est imposée à l'Européen qui veut être respecté dans ces contrées pour me laisser tenter par ces filles folâtres. Le mieux pour le visiteur de ces régions, ajoute M. Barth, soit pour son confort, soit pour imposer du respect aux indigènes, serait qu'il menât sa femme avec lui : les naturels, dans leur simple cité, ne comprennent pas qu'on vive seul ; les Tawareks de l'ouest, qui en général sont de mœurs rigides et bien différentes de celles des Kelowi, ne me reprochaient que mon célibat. » Aux femmes sont abandonnés tous les travaux de cuir, la sellerie exceptée, et l'on voit sur les marchés d'Agadès des ouvrages élégants et pleins de délicatesse sortis de leurs mains. Quantité de petits ouvrages en bois, des coupes, des plats, des cuillers, témoignent, par l'élégance de leur forme et la richesse de leur ornementation, du goût des artisans de l'Aïr. Sur les marchés de la ville, on n'emploie pas, comme intermédiaires pour les échanges, l'argent ou les coquilles, mais bien le millet, le duka, et d'autres sortes de grains. La mosquée principale, celle dont le minaret indique de loin la ville d'Agadès, ne fut pas d'un accès facile pour le voyageur ; cependant il obtint la faveur de voir de près ce minaret, qui est l'un des plus curieux spécimens d'architecture africaine. C'est une tour carrée et large de trente pieds environ à sa base, largeur qui décroît à mesure qu'elle s'élève, mais en conservant un léger gonflement au milieu de l'édifice, dont les côtés dessinent ainsi des lignes légèrement courbes. Elle peut avoir quatre-vingt-dix ou quatre-vingt-quinze pieds de hauteur ; on la voit s'élancer de la terrasse formée par le toit peu élevé de la mosquée, à l'intérieur de laquelle quatre piliers massifs la supportent. Sept ouvertures, pratiquées sur chacun des côtés, lui donnent du jour. Cette immense construction est tout entière d'argile. Pour lui donner plus de solidité, on a disposé d'étage en étage treize rangées de poutres de palmier qui la traversent dans toute sa largeur et réunissent les murailles entre elles. L'extrémité de ces poutres ressort extérieurement de trois ou quatre pieds, ce qui augmente l'effet bizarre que produit le monument.

Après avoir bien visité Agadès et récolté une ample moisson de faits intéressants, le docteur Barth, muni des lettres de recommandation du sultan Abd-el-Kader, regagna, sous la protection de ses guides, Tiutellust par le chemin qu'il avait déjà suivi. Dans cette ville, il retrouva ses compagnons, avec lesquels il ne tarda pas à reprendre le chemin du sud.

II. — Le Tsad (Tchad)

La région dont le Tsad occupe le centre est habitée, dans la partie que traversèrent M. Barth et ses compagnons, par deux grandes races : la race des Kanuris, qui confine au rivage occidental du lac, et celle des Hausas, qui s'étend à l'ouest de celle-ci. Cette distinction est d'autant plus utile à établir que ces races présentent entre elles de grandes différences morales et physiques, bien qu'également noires. Les Hausas sont gais, vifs, industrieux ; leur langage, un des plus harmonieux, et des plus flexibles de ceux qui se parlent dans l'intérieur de l'Afrique, est répandu bien au-delà de leurs limites. Les Kanuris sont indolents, tristes, grossiers ; leurs femmes sont laides, plates, elles ont les narines ouvertes et les os saillants. Les premiers ont perdu leur indépendance ; leurs sept royaumes ont été subjugués par cette race des Fellani, Fulbés Fellatahs, Pulo, dont nous avons rencontré déjà les bandes envahissantes avec le docteur Baikie, que nous retrouvons ici, et dont il sera souvent question dans tout le reste de ce voyage. Tasawa, Katsena, Kano, Gober, où nous allons suivre l'expédition, étaient des royaumes hausas, et ne sont plus que des provinces fulbés. Au contraire les Kanuris, dont les deux principales provinces, le Kanem et le Bornu, sont réunies sous la même domination, ont réussi, non sans de grandes luttes, à échapper à la conquête des Fellani. C'est au sud, du Bornu que se trouve l'Adamawa, acquisition récente des Fellani. Enfin nous ajouterons, pour éclairer de notre mieux le théâtre de l'expédition, que le Waday et le Bagirmi s'étendent, le premier au nord-est, le second au sud-est du Tsad ; le Waday confine par l'ouest au Darfour, qui lui-même touche au Sennaar et rejoint ainsi les régions du Haut-Nil.

Nous avons laissé les trois voyageurs dans le midi de l'Aïr. Les retards apportés à leur marche par les interminables délais de leurs compagnons indigènes les retinrent longuement dans les environs de Tintellust, et ce fut seulement en janvier 1851 qu'ils traversèrent par un temps froid, où plus d'une fois le thermomètre tomba presque à zéro, le Tagama, dont les habitants, bien que musulmans, venaient leur proposer leurs femmes ou leurs sœurs en échange de quelque présent, puis le Damergu, province tributaire de l'Asben, dont elle est le grenier. La fertilité, les productions, les animaux de ce pays le rattachent pleinement au Soudan. Les girafes y sont en assez grand nombre pour que les naturels mangent la chair de cet animal. Arrivés à la station de Tagelel, les trois voyageurs songèrent à se séparer pour multiplier le résultat de leurs travaux, Richardson résolut de se diriger par Zinder, dans l'est, vers le Tsad ; Overweg dut pénétrer dans l'ouest jusqu'à Gober et à Mariadi ; entre eux, Barth prit au sud la direction de Katsena et de Kano. La capitale du Bornu, Kukawa, qui devait être le centre de leurs voyages dans le Soudan, ainsi que jadis elle l'avait été de ceux de Denham, Oudney et Clapperton, fut désignée comme lieu de rendez-vous général.

Barth et Overweg ne se séparèrent que vers Tasawa, qui est le chef-lieu d'une province du même nom placée sous la domination des Fellani. Du Tasawa, qui ne présente rien de très particulier, Barth poursuivit sa marche, sans quitter la caravane qu'il accompagnait depuis Tagelel, et entra dans la vaste cité de Katsena. C'est une ville à portes étroites, à longues murailles ; les maisons y sont rares et entourées de champs en culture. Il en est ainsi de toutes les villes du Soudan : elles embrassent dans leur circonférence des champs et de grands jardins, en sorte qu'une portion seulement de leur enceinte est peuplée. Katsena pourrait contenir cent mille âmes, elle n'en compte pas plus de sept ou huit mille. Il est vrai que, depuis son assujettissement aux Fellani, elle est considérablement déchue de son importance. M. Barth eut tout le loisir de se renseigner à ce sujet dans le séjour involontaire de plus d'un mois qu'il y fit. Le gouverneur le retint après le départ de sa caravane, fit des difficultés pour lui permettre de passer outre, et prétendit qu'il était nécessaire de prendre les ordres de son maître l'émir Al-Moumenim, sultan de Sokoto et suzerain de tout l'empire des Fellani. Au fond de cette mauvaise volonté à l'égard du voyageur, il y avait le désir d'en obtenir un présent supérieur à celui qui avait été offert. À ce moment, les Européens n'avaient plus que des ressources très bornées après leurs longues dépenses et les extorsions des Tawareks ; d'ailleurs tout le bagage principal était resté aux mains de M. Richardson. Il fallut cependant que Barth se procurât un caftan une veste, un tapis, un châle, et qu'il se dessaisît en outre d'une partie des remèdes que contenait sa petite pharmacie de voyage. Le gouverneur alors ne demandait plus que deux choses : une médecine pour augmenter sa vigueur virile et quelques fusées volantes, qu'il appelait médecine de guerre et jugeait propres à terrifier ses ennemis ; mais à cet égard il ne put être satisfait, M. Barth ne portait ni fusées ni cantharides.

Le temps de ce séjour forcé, le voyageur le mit a profit pour étudier l'histoire de l'état, jadis puissant et célèbre ; dont Katsena est la capitale ; les documents de cette histoire sont d'autant plus rares que l'es Fellani les détruisirent pour la plupart après leur conquête, dans l'intention d'anéantir les souvenirs nationaux. Toutefois le savant voyageur put reconnaître que l'état de Katsena remonte au commencement du VIIe siècle de L'hégire, c'est-à-dire au milieu environ du XIIIe siècle de notre ère ; trots cents ans plus tard, l'islamisme y pénétra. Après une période de prospérité, le Katsena tomba sous la dépendance du Bornu ; ses princes durent un tribut de cent esclaves, au chef de cet état à leur avènement. Son commerce toutefois resta florissant, la fertilité de son sol et sa belle situation géographique sur la ligne de partage des eaux du Tsad et du Niger étaient pour lui un gage de bien-être, quand, au commencement de ce siècle, en 1807, les Fellani l'envahirent. L'action exercée par ces conquérants a été très diverse ; selon les parties du Soudan dans lesquelles ils se sont établis : dans les pays sauvages et païens, ils ont apporté une civilisation relative ; dans les états musulmans au contraire, ils ont exercé une influence généralement funeste ; il en a été ainsi pour Katsena. Kano, située à trente ou trente cinq lieues dans le sud-est, et qui, avant d'être une des principales villes de l'empire fellani, était le chef-lieu d'un état hausa, a été beaucoup plus heureuse. Sa prospérité commerciale, favorisée par une position géographique non moins avantageuse que celle de sa voisine, n'a cessé de se développer : la vie et la richesse, en se retirant de Katsena, se sont en partie reportées vers elle ; aussi sa population, son activité, son industrie, l'extension donnée à l'écoulement de ses produits la maintiennent au premier rang entre les villes les plus riches du Soudan. Les Européens, dans l'orgueil d'ailleurs assez, légitime de leur civilisation, se sont longtemps imaginé qu'au milieu de celte terre des noirs où végètent tant de races dégradées, il n'y avait que misère et barbarie, et lorsqu'au commencement des temps modernes Léon l'Africain, lorsqu'à une époque contemporaine notre compatriote Caillié vinrent nous raconter les merveilles de Timbuktu, on cria à l'exagération, tout au moins on crut à une exception. On se trompait : Oudney et Clapperton nous ont déjà fait revenir de notre erreur, et ce ne sera pas un des moindres résultats du voyage de M. Barth et de ses compagnons que d'avoir déroulé sous nos yeux le tableau des sociétés africaines, dont quelques-unes, actives, turbulentes, industrieuses, sont bien moins éloignées de la civilisation que nous ne l'avions cru. Timbuktu même n'est pas une ville de premier ordre ; il y en a de plus populeuses, de plus commerçantes, de plus riches, et à ce triple titre Kano lui est bien supérieure.

Lorsque, délivré enfin des dangereuses importunités de son hôte de Katsena, le docteur Barth put se remettre en chemin, il arriva aux portes de Kano à travers un pays de toute beauté, alternativement couvert de bois épais et de larges cultures : des villages serrés l'un contre l'autre de chaque côté de la route, des piétons, des cavaliers, un mouvement ininterrompu, annonçaient l'approche d'une grande ville. Dès le lendemain de son arrivée, le voyageur, monté sur son petit cheval, fit, accompagné d'un guide, une longue promenade à travers les quartiers et les marchés ; du haut de sa selle, il dominait les cours intérieures des maisons, car les murailles ne sont pas hautes, et la vie publique et privée des habitants se déroulait tout entière sous ses yeux. « C'est, dit-il, le tableau le plus animé d'un petit monde bien différent dans sa forme extérieure de tout ce que l'on voit dans les villes d'Europe, et qui néanmoins n'en diffère pas beaucoup par le fond. » C'étaient des rangées de boutiques abondamment approvisionnées, où se mêlaient et se pressaient des acheteurs et des vendeurs, de visages, de teint, de costumes variés, tous âpres au gain et s'efforçant de se tromper l'un l'autre ; sous un auvent, une foule d'esclaves entassés demi-nus, alignés comme du bétail, jetant des regards désespérés sur les acheteurs. Un riche gouverneur vêtu de soie s'avance sur un cheval fougueux, suivi d'une troupe d'esclaves insolents ; riches et pauvres se coudoient. Ici un riche cottage ; là, dans une cour ombragée par un arbre, une matrone drapée dans une belle robe de coton noir s'occupe à préparer le repas et presse ses esclaves femelles, tandis que des enfants tout nus sur le sable jouent avec des animaux ; des écuelles de bois bien propres sont rangées dans un coin. Plus loin, une fille parée d'une façon qui attire l'œil, avec de nombreux colliers autour du cou, les cheveux capricieusement arrangés et surmontés d'un diadème, une robe de couleur tranchante et traînant sur le sable, provoque avec un rire lascif les passants, tandis qu'à deux pas de là un malheureux se traîne rongé d'ulcères ou d'éléphantiasis.

La population libre de Kano est estimée par M. Barth à trente mille âmes ; le chiffre en est doublé de janvier en avril, dans la période d'activité commerciale, par les étrangers, qui y affluent de très loin, et le nombre des esclaves peut être de quatre mille environ ; il est en général beaucoup moins considérable dans les villes que dans les campagnes. Les Fellani, après avoir assujetti Kano, s'y sont logés dans un quartier à part ; ils se sont adjugé les emplois politiques et administratifs, plus une partie du territoire, mais ils ont laissé à la population indigène sa liberté et la faculté de s'enrichir par le commerce. L'étendue de la ville est considérable et tout à fait hors de proportion avec le chiffre de ses habitants à cause des champs et des cultures qui entourent les maisons. Celles-ci sont bâties en argile, de forme carrée, avec un seul étage surmonté d'une terrasse ; elles ont toutes une cour rectangulaire entourée de murs dont l'élévation ne met pas leur intérieur à l'abri de la curiosité des passants. Il y a aussi des huttes circulaires composées d'un simple rez-de-chaussée et couvertes d'un toit de chaume conique. Au beau milieu de la ville se trouve une grande lagune malsaine à laquelle les habitants n'ont pas l'air de prendre garde, bien que son dessèchement dût certainement exercer une heureuse influence sur leur santé. La principale industrie de Kano consiste dans le tissage du coton et la teinture ; cette ville exporte les robes qu'elle fabrique et qu'elle colore avec l'indigo à Murzuk, Ghat, Tripoli, Timbuktu, et jusqu'à la côte d'Arguin. Elle en fournit le Bornu malgré sa production indigène, le Igbira et le Igbo ; enfin elle a envahi l'Adamawa et ne s'est trouvée arrêtée que par la nudité complète des hommes tout à fait sauvages qui habitent au-delà de ce pays. Les Européens ont souvent parlé des belles étoffes de coton teint de Timbuktu : on croyait qu'elles y étaient des produits indigènes ; c'était une erreur : elles y viennent de Kano par Ghat, et font cet immense détour parce que la route directe est trop dangereuse. Cette exportation est estimée au minimum par M. Barth à trois cents charges de chameaux par an. Outre ces étoffes, on fait encore à Kano de jolis ouvrages de cuir, des sacs de forme et de dessin très élégants teints en rouge avec un végétal, des sandales qui s'exportent jusque dans le nord de l'Afrique. Le commerce des esclaves y est très actif, et si jamais les Anglais ou d'autres Européens s'installent dans cette partie de l'Afrique, ils auront fort à faire pour empêcher la traite, il est même bien à craindre que le sentiment d'humanité qui s'oppose à ce triste trafic ne soit un des plus grands obstacles à l'établissement de leur influence sur les indigènes. Kano s'enrichit encore comme entrepositaire du commerce que font autour d'elle les pays circonvoisins : les caravanes qui portent le cuivre du Waday, le sel, l'ivoire, le natron, ce sel de soude si abondant aux environs du Tsad, passent par ses murs. Ce n'est pas avec les noirs, les Arabes et les Berbères seulement que cette ville est en relations de commerce. Les Américains, ces marchands toujours à l'affût des bonnes entreprises, entretiennent depuis bien longtemps un commerce d'échanges par intermédiaires avec les états du Soudan tout aussi bien qu'avec les peuplades de l'Afrique australe, et ils paient le natron, l'ivoire, le coton et les esclaves, qui sont un des principaux objets de leur trafic, avec des rasoirs, des mauvaises lames de sabres, des couteaux, des ciseaux, des aiguilles, des miroirs.

Le gouverneur fellani de Kano est un des plus puissants entre les douze grands vassaux de l'émir suzerain de Sokoto. Toutefois son autorité n'est pas absolue : on peut appeler de ses jugements à Sokoto. Il est vrai que c'est là un recours tout à fait illusoire par l'impossibilité d'en profiter à cause de la distance ; mais le gouverneur est en outre entouré d'un conseil qu'il doit consulter dans les circonstances importantes. Les campagnes qui avoisinent la ville et qui l'alimentent d'indigo et de coton sont fertiles et bien cultivées ; on les appelle le jardin de l'Afrique centrale. Les esclaves y sont très nombreux, mais là, ainsi que dans les autres états du Soudan et en général dans tous les pays musulmans, on les traite avec beaucoup de douceur. Les embarras financiers furent le plus grave souci de M. Barth pendant son séjour à Kano ; toutefois il était parvenu à contracter quelques emprunts auprès des gens de sa caravane ou des amis noirs qu'il s'était créés dans le pays, et il avait eu bien soin de tenir en réserve les présents destinés au puissant gouverneur de Kano et à son frère, vizir et premier dignitaire de sa cour, afin d'échapper aux difficultés qui l'avaient arrêté à Katsena. Il offrit au premier une sorte de burnous noir orné de broderies de soie et d'or, plus un bonnet rouge, un châle blanc avec une belle bordure rouge, une pièce de mousseline blanche, de l'huile de rose, une livre de clous de girofle, du benjoin, un rasoir, des ciseaux, un petit couteau fermant, un grand miroir, et le vizir reçut un présent à peu près semblable. On voit qu'il ne faut pas se présenter les mains vides devant les majestés africaines. Libre de poursuivre sa route, et guéri à peu près d'une fièvre persistante dont il avait longtemps souffert, le voyageur continua sa route de l'ouest à l'est, vers le Bornu et la ville capitale Kukawa, où les anciennes relations du souverain avec Oudney, Denham et Clapperton promettaient à l'expédition anglo-germaine une réception amicale. Barth avait franchi à Gummel la frontière du Bornu, traversé la province, la ville importante de Mashena, et accompli une grande partie de son itinéraire quand il reçut la douloureuse nouvelle de la mort de M. Richardson.

Celui-ci, parti du Damergu au milieu de janvier, comme ses compagnons, avait atteint Zinder, ville de dix mille âmes, située à l'est de Tasawa et dépendante du Bornu. De là il dirigea ses bagages sur Kukawa, dont, à cause de l'affaiblissement déjà sensible de ses forces, il ne put prendre le chemin qu'après un mois de repos. Il voyageait à cheval, et les alternatives de chaleur brûlante dans le jour et de froid assez vif pendant la nuit étaient très préjudiciables à sa santé. Il changea de monture, troqua son cheval, qui le fatiguait, contre un chameau, se traita à sa guise, en prenant quelques médecines, sans connaissance exacte ni de sa maladie ni des remèdes qui pouvaient lui convenir, et poursuivit sa route ; mais de station en station il était plus malade et plus épuisé. Arrivé au village de Ngurutuwa, à quelques journées seulement de la capitale du Bornu, il se sentit à bout de forces et comprit qu'il n'irait pas plus loin. Il fit dresser sa tente se coucha, et dit à son serviteur qu'il allait mourir. En effet, trois jours après, dans la nuit du 4 mars 1851, il rendait le dernier soupir. Lorsque M. Barth reçut cette triste nouvelle, il prit aussitôt la route de Ngurutuwa. Il trouva la tombe de Richardson placée à l'ombre d'un grand arbre et entourée d'une haie vive. Les naturels savaient qu'un chrétien était enterré là ; ils étaient pleins de respect, et Barth fit quelques petits présents à l'un d'entre eux qui promit de prendre soin du tombeau de l'*homme blanc*.

Ce fut l'esprit plein des graves réflexions causées par ce douloureux épisode que Barth atteignit Kukawa, bien résolu à conduire jusqu'au bout son entreprise malgré les dangers trop évidents qu'elle présentait. Overweg ne tarda pas à de rejoindre après avoir traversé la ville jadis illustre de Gober et le pays en partie sauvage de Mariadi, où quelques tribus païennes ont réussi, par leur courage et leur opiniâtreté, à échapper à la domination des Fellani. Il montra la même fermeté. Les deux compatriotes furent reçus avec une grande bienveillance par le cheik de Bornu et par son vizir ; les relations d'amitié entamées jadis par l'expédition de 1825 furent reprises, et un traité de commerce avec la Grande-Bretagne fut signé. Toutefois une cause de dissentiment se glissa au milieu de ce bon accord : le cheik avait retenu les bagages de Richardson, parmi lesquels se trouvaient les subsides et toutes les ressources de l'expédition ; il en avait fait dresser un très exact inventaire, mais il refusait de rien restituer, et éludait toutes les réclamations des deux voyageurs. Ce ne fut qu'après de nombreuses démarches que ceux-ci purent rentrer en possession de leur bien, encore y en eut-il une partie notable qui dut être abandonnée. La montre de Richardson avait surtout tenté le cheik ; il en parait sa ceinture, ne la quittait ni jour ni nuit, et le vizir fit entendre à M. Barth qu'il ferait sagement de ne pas la réclamer. À part ce nuage, la réception faite aux voyageurs fut, comme nous rayons dit, très bienveillante. Ils eurent la jouissance d'une maison spéciale, destinée à servir de séjour aux envoyés et aux voyageurs futurs d'Angleterre. Les habitants montrèrent envers eux beaucoup de cordialité, et Barth put se créer un grand nombre d'amis, dont les entretiens lui fournirent, selon son usage, de précieux renseignements. Au nombre des plus intimes se trouvait le vizir Haj-Beshir, ministre favori du cheik Omar et après lui le plus important personnage du Bornu. Ce n'était pas un ministre intègre et de vertus accomplies : il était peu courageux, peu actif, très intéressé, et généralement détesté des courtisans, qu'il s'aliénait sans mesure par ses abus de pouvoir. Sa passion dominante était celle des femmes ; son harem, qui n'en contenait pas moins de trois ou quatre cents, était une sorte de musée ethnologique, tant il contenait de filles de tribus et de pays divers. Haj-Beshir avait jusqu'à une Circassienne, et ce n'était pas de celle-là qu'il était le moins fier. M. Barth, qu'il écoutait fort volontiers, car il avait aussi des qualités, et entre autres celle d'aimer à s'instruire, lui remontrait souvent qu'il devrait mieux protéger les frontières septentrionales du Bornu -contre les Tawareks, dont les bandes déprédatrices s'avançaient jusqu'aux bords du Tsad. Le voyageur tâchait en outre de lui donner quelques leçons d'économie politique ou d'administration. Le ministre convenait de l'utilité des avis, de la justesse des observations de son ami européen, et s'engageait à faire de son mieux ; mais il ne tardait pas à retomber dans son indolence, et il lui en coûta cher. Il perdit d'un coup sa place et ses femmes, et périt peu après misérablement. Cette catastrophe eut lieu en 1853. Un frère du cheik Omar, du nom d'Abd-el-Rahman, se révolta. Omar, expulsé un instant, reprit ensuite le dessus : il rentra dans Kukawa, tua son frère et se ressaisit du pouvoir ; mais dans la lutte le pauvre vizir avait été pris par ses ennemis, qui lui avaient tranché la tête. L'histoire du Bornu, à laquelle M. Barth a consacré de très profondes études, est loin de manquer d'intérêt, et, par plus d'une étrange analogie avec certains faits de nos histoires européennes, elle atteste une fois de plus combien il est vrai que, dans des pays bien différents, sous les formes extérieures les plus diverses, les hommes sont au fond partout les mêmes. Cette histoire nous offre la succession de trois dynasties. La première, celle des Kanuris, s'établit primitivement dans le Kanera, la province la plus septentrionale du Bornu ; elle subsista sans bruit et sans gloire jusqu'à ce que, au commencement du XIIe siècle, un de ses princes répandît au loin, sous l'impulsion de l'islamisme, sa puissance et sa renommée. L'élément aristocratique, représenté par douze grands officiers, prit de trop grands développements, et, après des alternatives de grandeur et de misère, la dynastie des Kanuris s'éteignit à la fin du XIVe siècle, dans les troubles et les régicides. Elle fut remplacée par celle des Bulala, dont le souverain Ali-Dunamami a été la plus grande illustration, et qui se maintint puissante et respectée jusqu'à la fin du dernier siècle ; mais quand les Fellani, s'avançant en conquérants du fond des régions de l'ouest, vinrent frapper aux frontières du Bornu, elle n'avait plus l'énergie nécessaire pour résister à ces envahisseurs. Sous le roi Ali, qui mourut en 1793, et dont la principale illustration est d'avoir laissé trois cents fils, l'armée presque entière avait été exterminée dans une expédition désastreuse contre le Mandara. Aussi, lorsqu'en 1808, sous son successeur Ahmed, les Fellani envahirent le Bornu, l'indépendance de cet état était gravement menacée. Déjà l'une des capitales de l'empire était tombée au pouvoir des conquérants, quand un simple sujet, Mohammed-el-Amin-el-Kanemi, réunit autour de lui quelques aventuriers et quelques patriotes, et parvint à les arrêter. Libérateur de son pays, il joua à l'égard du prince le rôle d'un Guise ou d'un Héristal : il lui laissa les honneurs et garda la puissance. Dunama, fils et successeur d'Ahmed, tenta en vain de se défaire par l'assassinat de son redoutable sujet ; il voulut ensuite échapper par la fuite à cette tutelle et changer de séjour. Mohammed l'arrêta, le ramena dans sa capitale et le déposa. Il ne prit cependant pas la dignité royale ; il en disposa en faveur d'un oncle du roi déchu ;

bientôt il déposa celui-ci à son tour, restaura Dunama, puis à sa mort il lui donna pour successeur Ibrahim, un de ses frères. Tandis que ces fantômes de souverains végétaient sans pouvoir, lui-même bâtissait, non loin du Tsad, une ville qui, du nom d'une espèce de *baobab*, a pris le nom de Kuka ou de Kukawa, et qui est la capitale actuelle du Bornu ; en même temps, dans des guerres avec le Bagirmi et le Waday, il s'efforça de ressaisir les provinces que le Bornu avait autrefois possédées. En 1826, il fut battu par le sultan Bello, chef de l'empire des Fellani, et il mourut neuf ans après, choisissant Omar pour successeur entre ses quarante-trois fils. Celui-ci a complété la révolution commencée par son père : aux faibles représentants de la dynastie des Bulala, il a substitué la dynastie des Kanemis, sans daigner cependant prendre le titre de sultan ; on l'appelle simplement le cheik Omar. C'est un prince de peu d'énergie, et il est possible que d'ici à quelques années de nouvelles révolutions intestines ensanglantent le Bornu.

Au sud et près de sa résidence de Kukawa, Omar a, non loin du Tsad, un autre séjour favori où il passe une partie de l'année. C'est en l'accompagnant à cette résidence, qui porte le nom de Ngornu, que M. Barth eut la première occasion de voir le lac. Dans une excursion qui dura de trois à quatre jours, il en suivit les bords, qui ne sont qu'une longue série de marécages peuplés d'éléphants et d'hippopotames ; la grande eau, qui n'a guère plus d'une ou deux brasses de profondeur, ne se trouve qu'à quelque distance de terre. À l'intérieur du lac existe tout un archipel d'îles basses et sablonneuses qui, dans la saison sèche, se rejoignent, se couvrent de hautes herbes et forment d'immenses pâturages. Elles sont habitées par une race d'hommes particuliers qui non-seulement ont conservé dans cette retraite une sorte d'indépendance, mais encore exercent des pirateries sur tous les rivages, excepté sur celui de la province de Kanem, avec les habitants de laquelle ils entretiennent des relations de commerce et d'amitié. On appelle ces hommes Jedinas ou Buddumas. Barth en vit plusieurs : ils sont de grande taille, beaux, bien faits, de visage intelligent ; ils se couvrent simplement d'un tablier de cuir, et ils portent au cou un collier de perles blanches qui, joint à l'éclat d'ivoire de leurs dents, fait un agréable contraste avec leur peau noire comme du jais. Pour naviguer sur le lac, ils se servent de barques formées de petites planches reliées entre elles par des cordes, et dont les interstices sont bouchés avec de la mousse ; elles peuvent contenir une douzaine d'hommes. Le lac est élevé de huit cent trente pieds au-dessus de la mer ; l'époque de son plus large débordement est fin octobre et novembre. Ses eaux sont douces et nourrissent plusieurs variétés de crocodiles ; il est très poissonneux, ainsi que les *Komadugus* et cours d'eau qui s'y déversent. Enfin sur ses bords MM.

Overweg et Barth purent s'offrir le luxe de la soupe à la tortue.

L'occasion d'une autre excursion bien plus considérable et plus importante ne tarda pas à être offerte à M. Barth : des envoyés du gouverneur fellani de l'Adamawa étaient venus présenter au cheik des réclamations relatives à un territoire en litige ; ils repartaient pour Yola, capitale de leur pays, en compagnie d'un officier d'Omar chargé à son tour d'exposer au gouverneur les prétentions de son maître. La longue guerre entre les Fellani et les Bornouans était enfin apaisée : les premiers semblaient avoir renoncé à la conquête d'un pays énergiquement défendu, mais la bonne intelligence n'était pas pour cela pleinement rétablie, et Barth ne l'éprouva que trop. La région méridionale du Bornu, laquelle confine à l'Adamawa, est aride et triste. Des hommes d'une race particulière habitent la frontière ; on les appelle Shuwas : ce sont des Arabes qui, s'avançant graduellement de l'est par le Darfur, le Waday et le Bagirmi, ont pénétré jusque-là et s'y sont établis depuis plusieurs siècles sans se mêler aux peuplades qui les entourent. Les mœurs et le langage de leurs ancêtres se sont conservés plus purs au milieu d'eux que chez les Arabes nomades de l'Afrique. Ils sont puissants, car ils peuvent mettre sur pied jusqu'à vingt mille hommes de cavalerie légère, et, bien que nominalement sujets du Bornu, ils vivent en fort bonne intelligence avec les Fellani. Près d'eux, dans la région marécageuse qui précède les premières hauteurs de l'Adamawa, se trouvent quelques tribus païennes misérables, végétant dans des huttes dont l'ouverture n'a pas plus d'un pied de haut, et dans lesquelles on s'introduit en rampant. Ces pauvres gens sont de mœurs assez douces, mais d'un caractère d'autant plus sauvage que les Fellani et les Bornouans les pillent également et les emmènent par grands troupeaux en esclavage.

Du Bornu à l'Adamawa, le climat et la configuration du sol changent entièrement : à des plaines basses et coupées par des *komadugus*, grands déversoirs naturels des cours d'eau, recevant leur trop plein dans la saison des pluies et leur rendant à la saison sèche les eaux qu'ils tenaient en réserve, succède une région montagneuse très fertile et arrosée par le Faro et le Binué, ces deux rivières considérables qui, après s'être réunies, vont grossir le Niger, et que nous avons déjà en partie suivies avec la *Pleiad*. Par un heureux hasard, Barth allait les traverser juste à leur confluent. Il en avait entendu vanter la largeur, par les naturels, mais ses prévisions furent bien dépassées. Au-delà de la chaîne de montagnes qui est la limite septentrionale de l'Adamawa s'ouvre une région plate où se dressent seulement çà et là, d'une façon inattendue et bizarre, quelques pics isolés : c'est là que le Binué (mère des eaux, telle est la signification de son nom) coule entre une berge élevée de trente pieds qu'il dépasse et recouvre dans ses grands débordements et une rive plate qui devient alors un lac à perte de vue ; de nombreux et larges marécages attestent ces inondations périodiques. C'est en septembre que les eaux commencent à monter. M. Barth passa les deux rivières en juin et les revit en juillet : le Binué avait alors deux cent cinquante mètres de large et une profondeur moyenne de onze pieds ; le Faro, beaucoup plus rapide, se répandait sur un lit de cent cinquante mètres, mais avec deux ou trois pieds seulement de profondeur. Le premier vient du sud-est et doit prendre sa source à une grande distance, car les indigènes ne savent rien de son origine ; le second sort, à ce que disent les natifs, d'un groupe de montagnes situées à sept journées de marche, et qu'on appelle les monts Lebul ; puis il coule au pied de l'Alantica, groupe montagneux habité par des tribus, païennes, et dont les sommets n'atteignent pas moins de neuf mille pieds ; M. Barth les avait presque constamment en vue pendant son itinéraire jusqu'à Yola. Les deux rivières, après leur réunion, arrosent le pied d'une autre grande montagne, le Bagelé, qui n'est plus qu'une île à l'époque des inondations. Le Faro ne rendra jamais de grands services à cause de son impétuosité et de son peu de profondeur ; nous avons vu qu'il n'en est pas de même du Binué : c'est l'artère destinée à porter le commerce européen dans le cœur du Soudan le grand chemin futur de l'Afrique centrale, sans que désormais il y ait à redouter ni les fatigues du désert ni les déprédations des Tawareks. Nous savons déjà qu'il conduit jusqu'auprès de Yola ; est-il navigable beaucoup plus loin dans l'est ? C'est ce que M. le docteur Baikie, que l'Angleterre vient de mettre à la tête d'une seconde expédition dirigée sur cette rivière, nous dira peut-être à son retour.

Les moyens de navigation employés par les naturels sur ces grands cours d'eau sont tout à fait primitifs : ils consistent en troncs d'arbres creusés, longs de vingt-cinq à trente pieds, hauts d'un pied seulement, et larges de seize pouces. C'est sur trois de ces barques informes que M. Barth et ses compagnons de voyage durent traverser les quatre cents mètres d'eau qui leur barraient le passage ; quant aux chevaux et aux chameaux, ils passèrent à la nage, non sans courir de grands risques de se noyer, surtout les chameaux. Les rivières franchies, il n'y avait plus que trois petites marches pour atteindre Yola.

Dans cette ville, la bienveillance du cheik de Bornu et la présence d'un officier de ce souverain furent pour M. Burth une très mauvaise recommandation. Toutefois le gouverneur ne montra pas d'abord de trop mauvaises dispositions : il consentit à recevoir le voyageur, et lui donna audience dans une salle de son palais d'argile, assis entre deux larges piliers carrés sous une lourde charpente, et ayant à ses côtés son frère, un des principaux personnages de l'état. M. Barth, après les salutations d'usage, lui remit la lettre d'introduction du cheik Omar, qui le présentait comme un chrétien pieux et instruit voyageant pour admirer les œuvres du Tout-Puissant, et qui avait entendu raconter des merveilles de l'Adamawa. Le gouverneur lut la lettre, et la tendit sans rien dire à son frère. Alors l'officier de Bornu présenta ses lettres à son tour. À peine celles-ci furent-elles lues, que le gouverneur entra dans le plus violent accès de colère ? il adressa des reproches à l'officier, lui dit que les réclamations de son maître étaient injustes, et que si le cheik voulait la guerre, il était prêt. Puis sa colère se tourna contre le chrétien, qu'il accusa d'avoir des motifs autres que ceux qu'il avouait pour venir en Adamawa. Enfin, après deux heures de discussion relative aux frontières, l'ambassade fut congédiée. Le lendemain même, M. Barth reçut l'ordre de repartir de Yola et de l'Adamawa, sous prétexte qu'il n'avait pas pour y venir l'autorisation de l'émir de Sokoto. Le personnage chargé de remplir cette mission auprès du voyageur ajouta qu'une lettre du sultan de Stamboul, ou même de son propre souverain, l'aurait beaucoup mieux servi que la recommandation malencontreuse du cheik de Bornu. Enfin, en le quittant, il lui insinua que le gouverneur serait, malgré la dureté de son procédé, disposé à lui faire quelques présents et à recevoir en échange ceux qui pouvaient lui être destinés ; mais M. Barth montra une grande fermeté : il répondit qu'il était venu comme ambassadeur d'une puissance lointaine, et non comme un marchand pour faire du commerce, et quoique très souffrant d'une fièvre violente, et pouvant à peine se tenir à cheval, il fit ses préparatifs de départ. Installé sur sa selle, les pieds dans ses larges étriers, il se mit en chemin ; deux fois il tomba en défaillance ; mais sa force de volonté, la quinine à large dose et la vigueur de son tempérament surmontèrent le mal. Les habitants le suivaient en foule, lui demandant des charmes et des talismans. Beaucoup de ces pauvres gens, convertis depuis peu à l'islamisme, ne faisaient pas de distinction entre un chrétien et un musulman, et lui demandaient sa bénédiction. Ses chameaux, les premiers qu'on eût encore vus à Yola, excitaient une grande admiration, et des femmes passaient sous leur cou pour en être bénies, les regardant comme des animaux sacrés. Yola est une ville ouverte, de création récente, contenant environ douze mille habitants. Ses huttes, faites de roseaux et couvertes de chaume, sont entourées de champs cultivés ; la maison du gouverneur et de son frère seules sont en argile. Cette ville a trois milles de long de l'est à l'ouest, et la plaine marécageuse dans laquelle elle s'étend est inondée dans la saison des grandes pluies. Ce sont les conquérants fellani qui l'ont bâtie, et son nom n'est autre que celui d'un des principaux quartiers de Kano. L'ancienne capitale du pays, sur laquelle Denham avait obtenu quelques renseignements, était Gurin. Le nom d'Adamawa aussi est nouveau : la province qui le porte et qui l'a pris de son conquérant fellani, il y a trente ou quarante ans, s'appelait primitivement Fumbina. C'était un état païen fondé sur les ruines d'états plus petits, dont le plus important était le Kokomi ; sa soumission aux Fellani n'est pas complète, et il y a dans les montagnes plusieurs tribus païennes toujours en guerre avec les conquérants auxquelles elles ont résisté jusqu'ici avec succès. Le commerce et l'industrie sont peu développés dans l'Adamawa : c'est avant tout un pays agricole ; il est un des plus beaux et des plus fertiles de l'Afrique centrale, accidenté, bien arrosé ; le sorgho, qui en est la principale céréale, atteint jusqu'à dix pieds ; on y cultive le coton, mais non l'indigo. Les Fellani ont établi dans toute la contrée l'esclavage sur une immense échelle : les riches propriétaires comptent leurs esclaves par milliers, et l'on trouve dans le voisinage des villes de grands villages autour desquels ceux-ci cultivent le sol et élèvent du bétail au profit de leurs maîtres ; ils ont des surveillants, des chefs, et partent souvent en bandes pour faire des chasses ou *ghazzias*, et recruter de nouveaux esclaves sur les territoires païens. Parmi les animaux domestiques se remarque une espèce de bœufs gris, et hauts de trois pieds. Les éléphants, les rhinocéros, les bœufs sauvages, peuplent les forêts de l'Adamawa ; dans les eaux du Binué et de ses affluents, on trouve un cétacé appelé *ayu*, qui est une espèce de lamantin ; enfin M. Barth apprit que dans les montagnes il y a des mines de fer.

Le retour du voyageur au Bornu ne s'effectua pas sans péril : l'escorte de Fellani qui l'avait rendu redoutable aux populations inoffensives l'avait par compensation protégé contre l'agression des bandes qui dévastent la frontière des deux états ; toutefois sa prudence, et, comme il le dit, sa bonne fortune le préservèrent de tout malheur, et il rentra dans Kukawa, affaibli seulement par la fièvre dont il avait pris le germe au passage du Binué, et qui l'avait durement éprouvé dans son court séjour à Yola. Des marchandises pour la valeur de 100 livres sterling étaient arrivées d'Angleterre sur ces entrefaites : il les vendit, de concert avec Overweg, pour acquitter les dettes pressantes contractées depuis plusieurs mois par l'expédition ; mais cette vente ne se fit pas sans une grande perte, parce que les voyageurs étaient pressés d'argent. Or les affaires au Bornu se traitent à deux et trois mois, et le paiement se fait habituellement en esclaves, denrée que des Européens ne pouvaient accepter.

Réunis, MM. Barth et Overweg entreprirent, dans la région qui borne le Tsad au nord, un voyage destiné à compléter une grande reconnaissance accomplie par ce dernier avec le bateau anglais à travers le lac, et dont malheureusement les notes sont demeurées incomplètes par suite de la mort du jeune voyageur. Les deux Allemands se mirent en route vers le milieu de septembre 1851 pour rejoindre la bande turbulente qui devait les guider et leur servir d'escorte : c'est ainsi qu'une excursion faisait suite à l'autre, et que toutes les circonstances étaient mises à profit. Les pays qui de Kukawa remontent vers le nord et s'étendent sur le bord occidental du Tsad sont riches et fertiles, sans toutefois offrir les points de vue pittoresques et les paysages variés de l'Adamawa. En certains endroits, les figues, les dattes, les raisins, y croissent en abondance ; le *gerreah* est un arbre de la famille des mimosas, dont le fruit, assez semblable à celui du tamarin, combat efficacement la dysenterie. Avec la graine d'un autre arbre, le *kreb*, on fait en plusieurs contrées un plat succulent qui, dit M. Barth, n'a d'autre inconvénient que d'exiger beaucoup de beurre. Le sorgho n'a pas moins de quinze pieds de haut. Les nombreux komadugus auxquels les débordements périodiques du lac donnent naissance fournissent des quantités de poissons considérables que les naturels font sécher, et qui forment un objet de commerce assez important. Toutefois le natron que produisent les bords du lac, et le sel extrait des cendres lessivées du *capparis sodata*, sont la principale ressource de la contrée. Le sol et le climat ne sont pas moins favorables aux animaux qu'aux plantes. Un jour les voyageurs firent la rencontre de tout un troupeau d'éléphants qui s'avançaient lentement, en bon ordre comme une armée ; sur le front marchaient les mâles, reconnaissables à leur taille ; cinq d'une grosseur énorme dirigeaient la marche ; à peu de distance suivaient les jeunes et les femelles. Un de ces animaux sentit les voyageurs, et aussitôt plusieurs éléphants soulevèrent avec leur trompe des flots de poussière. Ils n'étaient pas moins de quatre-vingt-seize. Les autruches, les gazelles, se montraient en grand nombre ; le soir on entendait les rugissements des lions et d'autres bêtes féroces. Une pauvre jeune fille, de la race des Buddumas, qui avait été enlevée pour les plaisirs du vizir Haj-Beshir, car l'escorte des voyageurs avait reçu ordre de ne pas oublier son musée ethnologique, s'échappa une nuit ; le lendemain, en la cherchant, on ne trouva que ses vêtements en lambeaux, les bêtes féroces l'avaient dévorée. Dans une des marches précédentes, en approchant d'un *gerreah* touffu, les voyageurs s'étaient trouvés en face d'un serpent long de dix-huit pieds sept pouces et de cinq pouces de diamètre ; l'animal était suspendu aux branches de l'arbre ; plusieurs coups de fusil l'abattirent, on lui coupa la tête, et les nègres l'ouvrirent pour en extraire la graisse, qu'ils disent être excellente. Il va sans dire que les insectes abondent, et les riches herbages qui sollicitent au repos sont couverts de scorpions dont la piqûre est loin d'être sans danger. Au Musgu, dans une excursion postérieure à celle-ci, Barth, piqué au bras par un de ces insectes, fut deux jours comme paralysé. L'expédition se poursuivait ainsi avec grand profit ; elle avait contourné tout le rivage septentrional du lac, à une distance très peu considérable de ses bords, et déjà elle atteignait la région où le Kanem confine au Waday, quand une attaque subite des tribus belliqueuses au milieu desquelles elle s'était engagée la força de rétrograder. Il y eut un combat dans lequel Barth remplit vaillamment le devoir d'officier et de soldat, tandis qu'Overweg s'employait à panser les blessures ; mais, il faut l'avouer, malgré le secours de leurs auxiliaires européens, les Sliman, mercenaires au service du Bornu, furent battus, la tente de Barth fut prise, et les voyageurs perdirent une partie de leurs provisions et de leurs bagages. À la suite de cet échec il fallut battre en retraite, et la troupe, reprenant en partie les chemins qu'elle avait déjà suivis, rentra le 14 novembre à Kukawa.

L'occasion d'une autre excursion non moins importante ne tarda pas à se présenter. Au sud-ouest de Kukuwa s'étend le Mandara, province montagneuse, dépendante du Bornu et assez connue par la relation de Denham, qui l'a jadis visitée. Le chef de cette province avait refusé son tribut d'esclaves, et le cheik se proposait de marcher en personne contre le rebelle avec son fidèle vizir et son *serkin-karji*, sorte de chef de police, qui était le troisième dignitaire de l'état. Celui-ci, nommé Lamino, était un singulier personnage, d'une corpulence énorme, très dur de caractère, énergique, fort utile à son maître, et qui, en dépit de ses apparences et de ses habitudes peu sentimentales, aimait uniquement une de ses femmes, se plaisait à causer d'amour, et répétait à nos voyageurs qu'un amour partagé est le plus grand bien sur terre. Les chefs, convoqués par le cheik et stimulés par l'espoir du butin, étaient accourus, suivis de leurs hommes de guerre et accompagnés d'une portion de leur harem, dont ils ne se séparent jamais complètement ; le cheik était suivi de douze femmes, et le vizir en avait huit pour sa part dans cette expédition. Quant à Lamino, il n'emmenait que sa chère favorite. Les deux Européens furent autorisés à se joindre à l'armée, et l'on se mit en marche dans la direction du sud. Les régions du Bornu méridional sont riches en plantations de coton ; ce précieux végétal abonde dans toutes les parties du Soudan. Les huttes se font remarquer par l'élévation particulière de leurs toits coniques. Des figuiers et de nombreuses variétés d'arbres embellissent le paysage ; il y en a de gigantesques : le feuillage d'une espèce de caoutchouc n'a pas moins de soixante-dix à quatre-vingts pieds de diamètre. Une espèce de sorgho, dont on fait du sucre, s'élève de quatorze à vingt-huit pieds. Notre sucre d'Europe, par sa blancheur et sa dureté, excite l'admiration de ceux des naturels de l'Afrique qui en ont vu. Barth, interrogé plus d'une fois à ce sujet, essaya d'expliquer les procédés de notre fabrication ; mais chacun témoignait de la surprise et du dégoût en apprenant quel rôle y remplit le noir animal. Les autres industries du pays sont la préparation de la poudre, pour laquelle on emploie particulièrement le charbon d'une espèce de mimosa appelé *kingar*, la confection et la teinture par l'indigo de chemises de coton. L'expédition militaire continuait d'avancer, mais lentement et non sans quelque incertitude ; le cheik s'était flatté qu'une démonstration suffirait pour déterminer la soumission du chef récalcitrant, et il redoutait de s'engager dans les montagnes du Mandara avec son armée, presque entièrement composée de cavaliers. Enfin le différend fut réglé par une sorte de compromis entre le suzerain et son vassal ; celui-ci consentit à envoyer un présent de dix belles esclaves. Le cheik, satisfait de ce résultat, résolut de retourner à Kukawa pour s'y reposer de ses glorieuses fatigues ; mais, pour utiliser son armée, il prescrivit à son vizir de longer le Logone et de s'avancer dans le sud jusqu'au pays des Musgu et des Tuburi, pour y faire un *ghazzia* ou chasse aux esclaves. C'était une vilaine et attristante expédition ; cependant elle offrait l'occasion de voir des contrées que Denham avait présentées comme inaccessibles, et malgré leur répugnance nos Européens la suivirent.

Le Musgu est loin d'être aussi montagneux que l'avait pensé le major Denham ; il est d'un accès difficile, mais c'est seulement à cause des épaisses forêts et des marécages qui l'entourent. Les grands animaux y abondent, surtout la girafe et l'éléphant ; les voyageurs eurent occasion de manger de la chair de ce dernier animal ; elle rappelle assez celle du porc, seulement elle se digère mal. Le vizir fit don à Overweg d'un petit lion et d'une espèce de chat sauvage que ses gens avaient pris ; ces animaux suivirent quelques jours l'expédition, puis ils périrent. Les naturels du Musgu sont païens ; sans cesse exposés aux incursions et aux ravages de leurs voisins, qui viennent recruter parmi eux des troupeaux d'esclaves, ils ont pris un aspect particulièrement farouche et sauvage ; ce sont de beaux hommes, vigoureusement constitués, dont la peau est d'un noir sale un peu clair. En beaucoup d'endroits, ils résistaient courageusement aux envahisseurs, dont, à vrai dire, les mauvais fusils, chargés avec des balles d'étain, ne valaient guère mieux que les lances des naturels. Ailleurs ils fuyaient, mais quelquefois en laissant dans leurs huttes désertes des vivres empoisonnés ; c'est ainsi que précédemment ils avaient fait périr beaucoup de leurs ennemis. Leurs villages, entourés de larges champs de riz, sont composés de ces cabanes circulaires et coniques qu'on retrouve ailleurs, et d'une autre espèce de huttes de forme toute particulière ; ce sont des cylindres avec un toit rond surmonté d'une espèce de champignon. À l'armée de Bornu s'étaient joints des corps auxiliaires de Shuwas et de Fellani ; tous ces Africains, pleins d'avidité, accomplissaient à l'envi leur œuvre de dévastation, brûlant les hameaux et détruisant les récoltes ; puis ils mettaient en commun les esclaves et le butin pour en faire le partage à leur retour ; leurs brigandages et leur cupidité étaient un spectacle hideux et affligeant. Néanmoins cette déplorable expédition eut un résultat scientifique important : elle permit aux Européens de voir à la partie supérieure de son cours le Serbewel, affluent ou plutôt bras occidental du Shari, principale rivière qui alimente le Tsad. Shari-Eré, peut-être Serbewel, et la plupart des noms que portent les deux branches de ce grand cours d'eau signifient simplement *rivière* dans les idiomes des peuplades qui vivent sur ses bords ; l'appellation qui, selon M. Barth, lui convient le mieux est rivière de Logone. Dans une rapide excursion, Overweg eut occasion de voir le Serbewel dans une partie inférieure de son cours, Barth traversa quelques mois plus tard les deux bras ; l'un et l'autre coulent du sud au nord ; ils sont profonds, navigables, et leur largeur varie de trois à six cents mètres ; un nombre considérable de cours d'eau inférieurs s'y déversent. Si, par un concours d'heureuses circonstances topographiques, le Binué, contournant les montagnes du Mandat avait, avec le Serbewel, quelque communication navigable, on pourrait aller par voie fluviale de l'Atlantique à l'intérieur du Tsad. Une telle hypothèse n'est pas dénuée de tout fondement : en 1854, Vogel eut à son tour l'occasion de pénétrer dans le Musgu il s'avança au-delà du point où s'étaient arrêtés ses compagnons, et signala chez les Tuburi un lac d'assez vaste étendue ; il paraît qu'il se trompait. M. Barth pense, d'après des renseignements positifs, que son compatriote a vu une branche nord-est du Binué après l'inondation, et comme le pays des Tuburi est plat, marécageux et coupé de canaux naturels, rien ne paraît s'opposer à ce que le Serbewel, qui y coule également, s'y puisse trouver en communication avec l'affluent du Niger.

Le retour s'effectua en partie par des chemins différents de ceux que l'expédition avait suivis, ce qui permit à nos voyageurs de rendre leurs observations plus complètes ; partout le pays était fertile et coupé de cours d'eau où les crocodiles pullulent, et qui sont le principal obstacle aux voyages. Les cultures les plus générales sont celles du coton et du tabac ; les femmes ne fument pas moins que les hommes. On était alors au milieu de janvier 1852, et dans les endroits plats et sans abri le froid était très vif, le thermomètre marquait à six heures du matin dix degrés centigrades, les naturels en souffraient beaucoup, et c'était, dit Barth, quelque chose de déchirant que d'entendre les plaintes des pauvres prisonniers musgus que l'armée traînait avec elle. Ces malheureux étaient au nombre de trois mille environ, dont beaucoup de vieilles femmes et d'enfants de sept à huit ans, car les naturels vigoureux avaient eu le temps de fuir, et beaucoup d'hommes avaient été massacrés. Il y avait en outre dix mille têtes de bétail ; le tout fut partagé par les trois bandes alliées, Bornuans,

Fellani et Shuwas, sur le territoire ennemi, puis on se sépara, et chacun rentra dans son pays.

De retour à Kukawa, leur quartier-général, les voyageurs se trouvèrent de nouveau aux prises avec les embarras financiers, aucun subside ne leur étant arrivé d'Angleterre. Barth fit réparer sa petite tente, vendit la grande, et, pourvu d'un mince bagage, il se mit en route sous la protection d'une escorte que lui donna le vizir de Bornu, et accompagné pendant la première journée de sa marche par son ami Overweg, qui, de son côté, se préparait à compléter l'exploration du Tsad. Barth allait, se dirigeant à l'est-sud-est, traverser les provinces de Kotoko, de Logone, puis entrer dans le Bagirmi. Sa principale ressource pour se procurer les objets nécessaires à sa subsistance consistait en aiguilles, dont il avait fait venir d'Angleterre une grande quantité, d'après les sages conseils de la relation de M. Beke, voyageur en Abyssinie. Les aiguilles, très recherchées de tous les Africains et si faciles à transporter en grande quantité, sont un des articles les plus utiles dont puisse se munir un visiteur du Soudan ; Barth leur dut le succès de ce voyage. Sa libéralité envers les pèlerins et les hommes savants, l'habitude où il était de tout payer uniquement avec cette marchandise le firent surnommer, dans le Bagirmi, *Mataribra*, le prince des Aiguilles.

Le pays que traversait notre voyageur est plat, coupé de cours d'eau, et présente les mêmes productions animales et végétales que ceux où nous l'avons déjà suivi. Les maladies vénériennes n'y sont pas rares, pas plus que dans les autres parties du Soudan ; la petite vérole exerce aussi de grands ravages dans toute l'Afrique centrale : M. Barth put s'en convaincre dès Agadès ; il est assez remarquable que certaines tribus païennes savent s'en préserver par l'inoculation, précaution que le préjugé religieux interdit aux musulmans. Le ver de Guinée, insecte noir qui se loge dans quelque partie du corps, souvent dans l'orteil, et s'y développe, les fièvres, les ophtalmies sont les autres maladies les plus fréquentes du Soudan. Le Kotoko, situé au sud-est du Tsad, fut autrefois une province puissante, ainsi que l'attestent ses villes, aujourd'hui ruinées, mais dont les constructions étaient bien supérieures pour la solidité et l'étendue à celles des pays voisins. Les Shuwas ou Arabes sédentaires s'y sont fixés en grand nombre. Le Logone, situé à l'est-sud-est et tributaire du Bornu, semble être resté dans un état de prospérité et de puissance inférieur ; toutefois sa capitale, Logone-Birni, appelée aussi Karnak-Logone, a un quartier remarquablement bâti. C'est à la hauteur de cette ville que M. Barth passa, non sans opposition de la part des riverains, le Serbewel, puis le Shari, dont nous avons mentionné plus haut la remarquable largeur. En cet endroit commencèrent pour l'explorateur des embarras et des obstacles qui allèrent croissant dans tout le reste de son excursion : le prince de Logone, plein d'admiration pour sa science et pénétré de sa supériorité, voulut le retenir ; il avait deux vieux canons de fer avec leurs affûts provenant on ne sait d'où, dont il était bien fier, et c'est à grand'peine que M. Barth put se défendre de les mettre à l'épreuve. Enfin le voyageur obtint de passer outre ; au-delà du Shari, il était dans le Bagirmi. On lui fit dire que pour avancer l'autorisation du gouverneur était nécessaire. Contraint à un séjour prolongé, il voulut retourner sur ses pas, on l'en empêcha.

L'énorme quantité de crocodiles longs de douze a quinze pieds qui fréquentent les deux rivières et leurs moindres affluents, l'existence d'un grand cétacé analogue et probablement identique à l'ayu du Binué, les ravages causés dans certaines parties de la contrée par un nombre prodigieux de grands vers noirs et jaunes dont les pauvres gens se nourrissent, sont les faits qui méritent le plus d'être signalés. Il y a aussi dans tout le Bagirmi plusieurs espèces de fourmis et de termites qui dévorent tout ce qu'elles approchent ; elles firent disparaître une portion des bagages de M. Barth. Ces insectes se bâtissent des demeures de proportions gigantesques. M. Barth affirme en avoir vu non loin d'un lieu appelé Mêlé, sur la rive droite du Shari, qui ont deux cents pieds de circonférence et de trente à quarante pieds d'élévation. Les rhinocéros, les éléphants, les girafes, les hyènes, les singes sont très nombreux. Un matin, en déplaçant son bagage, le voyageur trouva sous un de ses sacs cinq scorpions ; enfin, pour compléter l'énumération des bêtes remarquables ou dangereuses de cette contrée, il faut mentionner une espèce de tsé-tsé jaune, cantonné sur les bords de la rivière, et qui n'est pas moins funeste aux animaux domestiques que le tsé-tsé vu par MM. Anderson et Livingstone dans leurs voyages au lac N'gami. — Il y a aussi, comme au cap de Bonne-Espérance, un petit oiseau, le *cuculus indicator*, qui guide les hommes vers les ruches de miel sauvage ; au Bagirmi, on l'appelle *shnéter*, et les naturels racontent que c'est une vieille femme qui fut ainsi métamorphosée en cherchant son fils égaré, qu'elle ne cesse d'appeler par son nom : *Shnéter ! Shnéter !* Les habitants du Bagirmi n'appartiennent pas à la race des Kanuris ; ils ont des rapports intimes avec des tribus de l'est et sont plus forts et mieux faits que ceux du Bornu. Les femmes surtout sont belles ; elles ont de grands yeux noirs renommés dans tout le Negroland pour leur éclat, des traits réguliers et expressifs ; leurs narines ne sont pas larges et déformées par un os ou du corail, comme chez les Bornouannes ; elles prennent un soin particulier de l'arrangement de leur chevelure et la relèvent en forme de casque, ce qui leur va à merveille, sans l'enduire de graisse ou de beurre comme les coquettes des contrées avoisinantes. Leur vêtement, d'une grande simplicité, se compose tout simplement d'une robe, *turkedi*, qui se croise et s'attache sur la poitrine ; les femmes riches seules en jettent une seconde sur leurs épaules. « De leurs vertus domestiques, dit M. Barth, je ne saurais trop parler ; ce que l'on en dit n'est pas à leur avantage. Les divorces sont aussi fréquents que les changements d'inclination. »

Cependant notre voyageur était toujours retenu sur les bords du Shari, et sa position devenait chaque jour plus critique. Au retour d'un messager envoyé au lieutenant gouverneur de Masena, le chef du village de Mêlé lui enleva ses armes, ses instruments, tout son bagage, le retint prisonnier et pendant quatre jours le mit aux fers dans sa tente. Le crédit d'un des amis puissants qu'il avait su se créer même dans ce pays lui fit rendre la ; liberté et accorder la permission de se diriger sur Masena, qui est située à une faible distance dans l'est. Cette capitale est, ainsi que presque tout le pays, dans un état de décadence et de ruine qui résulte de longues guerres civiles. L'affaiblissement du Bagirmi a été mis à profit par ses voisins, et tantôt le Waday, tantôt le Bornu l'ont rendu tributaire. Le sultan actuel, qui s'appelle Abd-el-Kader, ainsi que le sultan d'Aïr, livre annuellement cent esclaves au cheik Omar.

Le souverain de Masena accorda deux audiences au voyageur, et le traita beaucoup mieux que ne l'avaient fait ses officiers. Il est vrai que le don d'une montre à répétition de Nuremberg, entre autres présents, contribua à l'animer de bonnes dispositions. II. s'informa si le chrétien n'aurait pas apporté un canon, et, sur sa réponse négative, lui demanda s'il en saurait fabriquer un. Il voulut lui faire accepter une belle esclave et un chameau, et sur son refus de recevoir autre chose que des échantillons de produits du pays, il lui envoya un nombre de robes considérable. Enfin, après un mois de délais et d'hésitations, il l'autorisa à retourner au Bornu. Depuis que l'impossibilité de remonter aux sources du Shari ou de pénétrer au Waday était démontrée, Barth n'avait plus d'autre désir que celui de retourner sur ses pas. Ce fut donc avec une vive satisfaction que le 10 août il se mit en marche dans la direction de Kukawa.

Un cruel événement, une douleur que rien ne pouvait égaler, l'attendait dans cette ville : son unique compagnon, son compatriote, allait mourir dans ses bras. La saison des pluies avait été très préjudiciable à la santé de M. Overweg. Barth fut frappé, en revoyant son ami, de l'altération de ses traits. Il essaya de l'arracher aux influences pernicieuses de la plaine qui entoure Kukawa. Overweg commit une grave imprudence : un jour, en poursuivant des oiseaux d'eau, il fut mouillé et garda jusqu'au soir ses vêtements trempés sur son corps. À partir de ce moment, son sort fut décidé : il se coucha pour ne plus se relever.

Quant à Barth, il avait parcouru les régions les plus difficiles et vu tomber successivement ses deux compagnons ; isolé, accablé de fatigues, il avait enfin droit au repos. Il avait découvert des routes nouvelles, noué des relations avec des chefs lointains, recueilli une ample moisson d'observations de toute nature ; il avait assez fait pour sa gloire et bien rempli sa mission : il pouvait se tourner vers sa patrie, où l'appelaient ses amis et son vieux père ; mais dans l'ouest il y a encore un problème important à résoudre. Il s'agit de déterminer une portion du cours que suit le grand fleuve de l'Afrique occidentale, de voir Sokoto, de pénétrer dans Timbuktu, et, sans ostentation comme sans faiblesse, Barth détourne ses regards de l'Europe et prend la direction du Niger.

III. — Le Niger

Lorsque Barh se détermina à porter ses investigations du côté du Niger, l'état de la question en ce qui concerne ce fleuve était celui-ci : le cours supérieur connu jusqu'à Timbuktu, le cours inférieur jusqu'à Jauri et Boussa, lieu où, il y a cinquante-deux ans, périt Mungo-Park. Restait à déterminer le cours du fleuve entre ces villes et à étudier les rapports que le Niger peut avoir avec le bassin du Tsad, soit par lui-même, soit par ses affluents. La découverte du Binué en Adamawa se rattachait à cette deuxième partie du problème. L'inébranlable fermeté, la persévérance de l'étranger inoffensif qui était venu des régions les plus lointaines non pour s'enrichir, mais pour s'instruire de mœurs inconnues étudier des dialectes, dessiner les cours d'eau et les montagnes, recueillir des plantes et des pierres, ce courage opiniâtre, qui ne cédait, pas même devant les menaces de mort, et qu'entretenaient dans sa fermeté la curiosité et l'amour de la science, avaient frappé d'étonnement et de respect les populations sauvages au milieu desquelles notre voyageur avait transporté sa vie laborieuse. Le sultan du Bornu, après avoir tenté vainement de le détourner de son projet et de le retenir, lui donna des chameaux, lui fit d'autres présents, et enjoignit à tous les gouverneurs des villes qu'il aurait à traverser dans ses états de le protéger. M. Barth fut prêt à se mettre en route vers la fin de novembre 1852. À cette date, il faisait connaître en Europe son dessein jet l'état de ses ressources par une lettre dont voici un fragment : «... Seul survivant de l'expédition dont aujourd'hui l'accomplissement repose tout entier sur moi, j'ai senti doubler mes forces, et je suis déterminé à pousser jusqu'au bout les résultats que nous avons acquis. Je possède une quantité suffisante de présents, plus deux cents dollars, quatre chameaux, quatre chevaux ; ma santé est dans de bonnes conditions ; j'ai avec moi cinq honnêtes serviteurs dès longtemps éprouvés et bien armés, nous avons de la poudre et du plomb. J'espère avec pleine confiance que je pénétrerai heureusement jusqu'à Tlrabuktu. »

Une des guerres qui désolent presque constamment ces régions rendant la route qui mène à Kano impraticable, le voyageur prit la direction de Zinder et de Katsena. Il entra heureusement dans Katsena le 6 mars 1853, et, sans presque s'y arrêter marcha sur Sokoto. À quelque distance de cette ville, M. Barth rencontra le puissant chef fellani qui s'intitule commandeur des croyants, émir Al-Moumenim, et dont l'autorité plus ou moins immédiate s'étend sur la plupart des provinces du Soudan occidental ; je veux parler d'Aliyou, fils de Bello. Ce Bello avait accueilli, il y a une trentaine d'années, Clapperton et ses compagnons avec beaucoup de bienveillance. Il avait facilité leurs voyages, et s'était engagé à protéger de même tous les hôtes que lui enverrait l'Angleterre. Son successeur Aliyou se montra jaloux de remplir cet engagement. Il dit à Barth que, depuis deux ans, il avait reçu la lettre par laquelle le sultan d'Agadès lui faisait connaître la présence des voyageurs, qu'il n'avait cessé de suivre avec intérêt les mouvements de l'expédition. Il ajouta quelques paroles touchant la mort de Richardson et d'Overweg, puis il accorda au voyageur l'autorisation de se rendre à Timbuktu, qui dépend de l'empire fellani, de visiter de nouveau et plus complètement l'Adamawa, si l'occasion s'en présentait à son retour, et promit en outre que sa protection serait acquise à tous les Anglais qui voudraient circuler et trafiquer dans les états soumis à sa puissance. Enfin il se montra très satisfait des présents qui lui furent offerts, et qui consistaient en des burnous de satin et de drap, un caftan, un tapis turc, des pistolets montés en argent, des miroirs, des rasoirs, des ciseaux, des aiguilles, et quelques autres de ces objets qui, vulgaires en Europe, acquièrent une importance et un prix considérable en pénétrant dans le centre de l'Afrique. Le voyageur reçut en échange le présent d'usage, consistant en têtes de bétail, et de plus cent mille de ces petites coquilles appelées cauris, dont, à Sokoto, sept environ équivalent à un centime.

Après cette entrevue satisfaisante, l'émir et le savant européen se séparèrent : le premier s'en allait vers le Mariadi châtier des tribus rebelles, le second se préparait à prendre quelque repos dans la capitale de l'empire des Fellani. Cette capitale est encore Sokoto, mais une rivale s'élève à ses portes mêmes et menace de la détrôner : c'est une résidence impériale qu'on appelle Vourno, et qui compte en ce moment douze ou quinze mille habitants. Plus d'une fois déjà nous avons dit avec quelle rapidité naissent et meurent les villes africaines ; Sokoto et Vourno paraissent devoir fournir un prochain exemple de ce fait. Au temps d'Oudney et de Clapperton, il n'était question que de la première : c'était une de ces villes à large surface, entourées de murs et semées de maisons à terrasses et de cabanes formant des rues irrégulières dont Katsena, Kano et plusieurs autres nous ont fourni plus d'un spécimen. Son origine ne remontait pas à une haute antiquité ; son nom paraît signifier en langage fellani le mot *halte*, et en effet les conquérants de ces pays la bâtirent vers 1805, après s'être emparés de Gober ; mais Bello, qui avait contribué lui-même à sa prospérité, s'en lassa et transporta vers 1831 sa résidence à quelques lieues plus au nord-est, sur une hauteur en pente douce, enveloppée par un pli d'une rivière appelée Reina, où Vourno, cité nouvelle que le caprice d'un souverain peut tuer à son tour, se développe en ce moment. Toutefois Sokoto compte encore plus de vingt mille habitants, et son marché n'a pas cessé d'être richement pourvu et très fréquenté ; quelques maisons en ruines dans les quartiers déserts sont jusqu'ici les seuls indices de décadence dont elle est menacée. Après un séjour de plus d'un mois dans ces deux villes, Barth reprit son voyage dans la direction de l'ouest ; mais le chemin direct de Timbuktu lui était interdit de nouveau par les guerres intestines des tribus, et cette circonstance le contraignit de faire vers le sud-ouest un long détour qui lui permit de visiter la ville et l'état de Gando, que jusqu'ici aucun voyageur n'avait encore mentionnés. C'est une des provinces de l'Afrique les plus dévastées par la guerre civile à cause des éléments de trouble et de discorde qu'y a développés le contact des conquérants fellani. D'ailleurs toute cette région est fertile, populeuse, bien arrosée. Barth y suivit les sinuosités du Niger, il franchit ensuite la contrée de Dindina, où s'est depuis fort longtemps fixée une tribu égarée de la famille des Tawareks ; puis il arriva à la grande ville de Say, située sur les confins du territoire de

Sabernea, entre de vastes et riches cultures de riz et des forêts sans fin. Say, qui est une des villes importantes de cette région, est bâtie dans une île du Niger. Sa situation est agréable et pittoresque ; d'ailleurs, avec son mélange de huttes et de maisons à terrasses, elle reproduit la physionomie générale de toutes ces villes africaines d'architecture primitive.

Devant le voyageur, dans ce long et monotone itinéraire, les grandes villes se succédaient : après Sokoto étaient venues Say, puis Sebba, Koriâ, Dore et bien d'autres ; des noms de peuplades, inconnus pour la plupart, frappaient son oreille et prenaient place sur ses cartes et dans son journal. À côté de cultures riches et prospères se montraient fréquemment des traces de dévastation laissées par la guerre. Sous ses yeux, le Niger roulait dans un lit immense ses flots tantôt solitaires tantôt sillonnés par des barques grossières ; partout, dans la vallée de ce grand fleuve que pour la première fois un européen visitait vers la partie moyenne de son cours, il y avait un mélange étonnant des magnificences de la nature et des œuvres à demi ébauchées d'une société humaine encore dans la période de son enfance. Jusqu'alors Barth n'avait jamais nié sa qualité d'européen et de chrétien ; mais pour ne pas être arrêté dans son voyage au moment de toucher au but qu'il s'était proposé, il dut se faire passer pour Arabe et chérif. Enfin, après avoir traversé une région montagneuse qui porte le nom de Hombori, puis des contrées toutes couvertes de marécages et de lacs permanents ou temporaires, le voyageur rejoignit le Niger. Dans la journée du 1er septembre 1853, il s'embarqua sur un des bras du fleuve, large de deux cent quatre-vingts mètres, le remonta, parvint à un lieu appelé Saraïjano, où le fleuve reprend son étendue moyenne et sa majesté, après avoir été divisé en une multitude de canaux étroits et sinueux tout encombrés de roseaux. Enfin, gagnant l'autre bord, il entra dans une crique située sur la rive septentrionale. C'est là que se trouve Kabara, port de Timbuktu.

Il était temps que M. Barth touchât au terme de son voyage ; les fatigues d'un itinéraire de plus de dix mois, des dangers de toute nature, les brusques variations de la température, qui, de midi à trois heures, dépassait souvent 42 degrés centigrades, toutes ces épreuves de chaque jour, auxquelles tant d'autres n'eussent pas résisté, menaçaient d'altérer sa constitution robuste ; il était dans un état d'épuisement comparable à celui dans lequel il se trouvait à sa sortie d'Adamawa, et il ne fallait rien moins qu'un long repos pour le remettre. Il envoya au cheik la lettre de recommandation qu'il tenait de l'émir Al-Moumenim. Cette démarche eut une issue favorable, et il ne tarda pas à apprendre que l'autorisation de séjourner à Timbuktu lui était accordée.

Cette *reine du désert*, cette cité africaine si longtemps fameuse en Europe à l'exclusion de toute autre, doit son grand renom aux voyages et aux récits d'Ebn-Batuta, de Léon l'Africain et de notre compatriote Caillié plutôt qu'à sa véritable importance, car, sous le rapport de l'étendue et de la prospérité commerciale, elle est inférieure à Sokoto, à Kano et à plusieurs autres villes du Soudan central. Son origine n'est pas très ancienne : la portion du Soudan où elle s'élève subissait, depuis environ un siècle, les influences de l'islamisme, qu'y avaient apporté les Almoravides, quand, dans le VIe siècle de l'hégire, une femme tawareke da nom de Buktu vint, à ce que racontent les traditions locales, s'établir dans une petite oasis près du Niger. La belle situation du lieu à proximité du fleuve et sur la lisière du désert et du Soudan, entre des peuplades agricoles et des tribus nomades et commerçantes, le prédestinait à autant de grandeur qu'en peuvent espérer les villes de l'Afrique centrale. Des huttes se groupèrent autour de celle de la femme tawareke, et le grand Mausa ou Meusé-Sbuleyman, chef de peuplades mandingues qui de la côte s'étaient avancées dans l'intérieur en subjuguant les territoires qu'elles traversaient, en fit la capitale de ses états. Ce fut environ cent quarante ans plus tard, au milieu du XVIe siècle de notre ère, qu'Ebn-Batuta la visita ; elle appartenait au royaume de Melli. C'était, au dire de l'Arabe voyageur, une grande ville très

197

commerçante et renommée par la piété et la science de ses docteurs musulmans, dont beaucoup avaient fait le voyage de La Mecque. Léon l'Africain, qui la vit dans le XVIe siècle, nous en fait à son tour un tableau assez avantageux : il nous la montre avec ses petites maisons en terrasses ou recouvertes de chaume semées autour d'un temple de pierre et de chaux et d'un palais somptueux pour un palais africain. Il ajoute : « La ville est garnie de boutiques, les artisans y sont nombreux, surtout les tisseurs de coton. Des marchands de Barbarie y transportent des draps et d'autres articles venant d'Europe. Ce sont des esclaves qui vendent les provisions de bouche. Les habitants sont opulents, et il y a un grand nombre d'étrangers fort riches, à ce point que le roi a donné en mariage ses filles à deux marchands frères à cause de leurs grands biens. Lui-même est riche et puissant. Quand il lui prend fantaisie de passer d'une cité à l'autre (car Tombut n'est pas la seule de ses états), il monte des chameaux, ainsi que ses courtisans, et des estafiers le suivent tenant des chevaux en main. Il a une grande infanterie armée d'arcs et environ trois mille cavaliers. Il a coutume de faire la guerre à tous ceux qui lui refusent le tribut, et quand il les a vaincus, il les fait vendre à Tombut, y compris les petits enfants. » Après le passage de Léon, Tombut ou Timbuktu subit des alternatives de bonne et de mauvaise fortune : dans la deuxième moitié du XVIIe siècle, elle passa sous la domination des chefs des peuplades bambaras qui s'étendent sur le territoire qu'arrose à sa naissance le Niger. Vers les dernières années du même siècle, un empereur marocain s'en empara, et fit de son territoire une province de son empire. À ce moment, le commerce avec le Maroc y développa une grande prospérité : d'innombrables caravanes y apportaient des articles venus des bords de la Méditerranée en échange des produits de l'intérieur de l'Afrique : mais les Tawareks du désert occidental se révoltèrent contre le Maroc, interceptèrent le commerce entre Timbuktu et la Barbarie, si bien que la ville vit décliner rapidement son importance. Dans l'année 1803, les Mandingues du Bambara s'en emparèrent de nouveau, mais ce ne fut pas pour la garder longtemps.

C'était le temps où cette population de cavaliers et d'agriculteurs, les Pellani, dont l'origine, Malaisienne peut-être, est à coup sûr très distincte de celle des noirs indigènes de l'Afrique, après avoir vécu obscurément pendant des siècles, se levaient dans l'ouest à la voix d'un prophète musulman, et, s'avançant vers l'est, subjuguaient tout sur leur passage. Dans le bassin du Niger, d'où ils allaient déborder, ainsi que nous l'avons vu, jusque dans celui du Tsad, ils s'emparèrent de Timbuktu. Toutefois les Maures défendirent assez vaillamment leur ancienne conquête : chassés pour un temps, ils firent un retour offensif à la suite duquel une sorte de compromis est intervenu entre les anciens maîtres et les nouveaux ; ceux-ci ont conservé le pouvoir politique, mais c'est parmi les premiers qu'est choisi le chef religieux. On comprend que cet état de choses, avec la rivalité permanente qui en résulte, est une source de troubles continuels et ne saurait être durable. Il n'existait pas encore lorsque René Caillié pénétra dans cette ville en 1828. Nous n'avons pas à rappeler ici à la suite de quelles épreuves et de quels périls ce voyageur, qui fait tant d'honneur à la France, vit la mystérieuse et terrible cité aux portes de laquelle le major Laing, l'un des Anglais les plus intrépides qui se soient voués à l'exploration de l'Afrique, venait de trouver la mort. Ce qu'il fallut à notre compatriote d'abnégation, de courage et de patience, tous ceux qui ont tenu dans leurs mains sa relation de voyage simple et modeste le savent. Cette relation cependant, par une injustice ou une aberration d'esprit singulière, devait être traitée de fable par quelques géographes, et la bonne foi de l'un des voyageurs les plus sincères devait être quelque temps suspectée ; mais M. Barth, avec la franchise qui accompagne le véritable mérite, a rendu justice à son devancier et porté témoignage de sa véracité. « Je proclame, écrivait-il à son retour de Timbuktu, M. René Caillié un des plus sincères voyageurs ; certainement ce n'était pas un homme scientifique, mais sans instruments, avec les moyens les plus faibles possibles, il a fait plus que personne n'eût pu faire dans des circonstances semblables. »

Voici le tableau que les deux voyageurs, chacun de son côté, font de la ville : « Elle forme, dit Caillié, une espèce de triangle ; les maisons y sont grandes, peu élevées et consistent seulement en un rez-de-chaussée. Elles sont construites en briques de forme ronde, pétries et séchées au soleil. Les rues sont propres et assez larges pour y laisser passer trois cavaliers de front... Cette ville renferme trois mosquées, dont deux grandes, qui sont surmontées chacune d'une tour en briques. Elle est située dans une immense plaine de sable blanc et mouvant sur lequel croissent seulement de maigres arbrisseaux rabougris... Elle peut contenir dix ou douze mille habitants, tous commerçants ; il y vient souvent aussi beaucoup d'Arabes en caravanes, qui en augmentent momentanément la population. » Lorsqu'à son tour M. Barth a séjourné à Timbuktu, il y a trouvé une population d'environ vingt mille âmes. « La ville, dit-il, est de forme triangulaire ; les maisons y sont bâties en terre ou en pierre, la plupart avec des façades assez bien travaillées. Son marché, vanté comme le centre du commerce des caravanes de l'Afrique septentrionale, est moins étendu que celui de Kano, mais les marchandises y paraissent être de qualité supérieure. Le pays où cette ville est située se trouve sur les confins du désert de Sahara, et lui ressemble par la sécheresse et la stérilité, excepté du côté du fleuve, où le sol prend une apparence plus fertile. » Des faits historiques que nous venons de retracer sommairement, on peut conclure que Timbuktu a décliné en puissance depuis le XVIe et le XVIIe siècle. Kano comme marché, Sokoto comme centre politique, ont en partie hérité de son ancienne splendeur. Toutefois, telle qu'elle demeure, elle est encore une des grandes cités du Soudan ; on sait que le gouvernement français a proposé une récompense au voyageur qui y entrera en allant de l'Algérie au Sénégal ou réciproquement, et il serait heureux en effet qu'on pût la relier un jour aux deux foyers de commerce et de civilisation que la France entretient en Afrique.

M. Barth avait reçu un accueil assez favorable à Timbuktu, dont les habitants l'avaient pris pour un envoyé du sultan de Stamboul ; cependant il ne tarda pas à se trouver dans une situation difficile et précaire. Ce n'était pas que le principal cheik de la ville, le chef fellani, qui dès l'abord l'avait protégé, eût changé de sentiments à son égard : au contraire, ce musulman éclairé avait appris la véritable qualité de l'Européen et le but scientifique de sa mission sans cesser d'être animé de sentiments bienveillants à son égard ; mais l'anarchie régnait entre les divers chefs de la ville, et la présence du chrétien excitait la défiance d'une population fanatique. Pour comble d'ennui, la guerre civile désolait les environs, et mettait obstacle au départ. Dans plusieurs lettres datées de 1854, M. Barth faisait savoir à ses amis d'Europe qu'obligé de vivre dans une réclusion continuelle, sans cesse inquiété par une population hostile, accablé des fatigues de son immense voyage, il avait été pris de la fièvre, et que sa santé, un instant rétablie, menaçait de s'altérer profondément. Enfin, après bien des délais et des obstacles, il trouva un moment favorable à son départ, et obtint d'en profiter. Après sept mois de séjour à Timbuktu, il reprit la direction du Bornu, long et pénible, mais unique chemin qui pût lui rouvrir l'accès de l'Europe.

Pendant que Barth redescendait lentement et avec mille fatigues le cours du grand fleuve, un de ses compatriotes, un jeune homme de vingt ans, parcourait à son tour les régions qui entourent le Tsad, et, cherchant les traces de son compatriote, s'avançait à sa rencontre du côté du Niger. Vogel, Allemand comme Barth et comme Overweg, s'était proposé à l'amirauté anglaise pour prendre en Afrique la place de Richardson, quand on avait appris que celui-ci était tombé sur le champ de bataille de la science. Il était docteur en médecine, botaniste et astronome. Il fut accepté, et le 2 février 1853 il quitta Southampton, se dirigeant sur Tripoli, où il fut rejoint par un personnage du Bornu, qui retournait à Kukawa. De Tripoli à Murzuk et au Tsad, il suivit l'itinéraire précédemment tracé par le voyageur Denham, rectifiant les positions, relevant les hauteurs, recueillant des observations sur la constitution géologique du sol. Parvenu à Kukawa, il y fut reçu avec la même bienveillance que ses devanciers. Ne pouvant rejoindre Barth, qui ignorait qu'on lui envoyât un nouveau compagnon et qui se trouvait déjà engagé dans le long chemin de Sokoto à Timbuktu, Vogel résolut de compléter les observations recueillies par ses prédécesseurs sur les régions qui avoisinent le Tsad, et, à peine remis d'une fièvre violente qui l'avait saisi à son arrivée, il se joignit à une expédition que le cheik du Bornu se préparait à diriger dans le pays des malheureux Musgus. Dans cette expédition, le jeune voyageur recueillit de nombreuses observations astronomiques, forma une collection botanique, et constata que les vastes plaines basses et déprimées que le Shari et ses affluents arrosent au sud du Tsad sont formées par une couche calcaire de coquillages d'eau douce, et ont dû, à une époque dont le souvenir traditionnel ne s'est pas conservé parmi les indigènes, être occupées par une vaste mer intérieure.

À son retour à Kukawa, Vogel entendit affirmer que Barth avait péri en revenant de Timbuktu. Soit pour vérifier cette désastreuse nouvelle, qui par bonheur était fausse, soit pour reprendre et continuer l'œuvre de son devancier, Vogel se mit en marche dans la direction du Niger. Barth cependant entrait dans Kano après avoir bravé heureusement tous les genres de périls ; les deux voyageurs suivaient, sans le savoir, la même route en sens inverse, et le 1ᵉʳ décembre 1854, dans une immense forêt qui est située non loin d'une localité appelée Bundi, à mi-chemin entre Kano et la ville de Ngurutuwa, qui avait été la dernière étape de Richardson, les deux compatriotes eurent le bonheur inattendu et inespéré de se voir et de s'embrasser.

Désormais l'un avait accompli sa tache : chargé d'une ample moisson, devenu justement célèbre, il allait revenir en Europe pour nous instruire et nous charmer. Les sociétés savantes lui tenaient en réserve tous leurs honneurs et toutes leurs récompenses ; Hambourg, sa ville natale, justement fière d'un tel fils, lui décernait une médaille d'or avec cette inscription : *A l'intrépide et heureux explorateur de l'Afrique, le docteur Henri Barth, né à Hambourg, le sénat.* L'autre était réservé à une triste destinée : animé d'une noble émulation, plein de confiance et se sentant fort de son courage et de sa jeunesse, il se proposait d'agrandir la sphère des découvertes et des observations faites par ceux qui l'avaient précédé. À l'est du Tsad s'étend cette contrée du Waday, où Barth n'a pas pu pénétrer, et qui est aujourd'hui dans le Soudan la seule où les Européens n'aient pas encore mis le pied ; elle ne nous est connue que par la relation intéressante, mais superficielle, d'un Tunisien, le cheik Mohammed. C'est par là que Vogel résolut de se diriger, afin de gagner, s'il était possible, les régions du Haut-Nil et de compléter avec Barth un ensemble de travaux s'étendant sur tout le Soudan, de Timbuktu à Khartum, au confluent du Nil-Blanc et du Nil-Bleu. Effectivement il pénétra dans le Waday, mais il paraît que le sultan de ce pays, pour tirer vengeance d'une prétendue injustice que lui aurait fait subir le consul anglais de Tripoli, s'est saisi du voyageur et l'a fait décapiter.

Un instant cette nouvelle a été contredite, on a fait espérer que le chef du Waday n'avait pas tué Vogel, et qu'il avait l'intention de le mettre à rançon. En voyant au milieu de nous M. Barth, qu'on avait cru longtemps mort, nous avons senti renaître un peu de confiance ; mais les mois se succèdent sans que rien vienne confirmer notre faible espoir, et il est maintenant trop probable que le sabre d'une brute a tranché la tête de ce jeune homme plein d'intelligence et de savoir, qui s'en allait porter à l'Afrique des espérances d'affranchissement et de civilisation.

IV. — Conclusion

Ce douloureux événement, le retour de M. Barth, celui de M. Livingstone, et l'insuccès d'une vaste expédition qui se proposait de pénétrer jusqu'aux sources du Nil nous semblent clore une série des explorations africaines. Il y a encore des voyageurs en Afrique : M. Baikie est retourné sur le Binué et sur le Niger, et l'intrépide Burton se dirige du tropique à l'équateur dans l'espérance de voir par ses yeux cette mer Uniamesi que nous commençons à connaître par les récits des indigènes. Toutefois les grandes expéditions sont suspendues, les voyageurs publient leurs relations, et c'est pour nous le moment, après avoir écouté leurs récits et suivi les. vicissitudes de leur vie aventureuse, de faire un retour vers ce qui a été fait, de regarder ce qui reste à faire, et d'en peser, autant qu'il est permis, les résultats présents et futurs.

L'ensemble des tentatives qui se sont proposé pour but la connaissance de l'Afrique intérieure peut être partagé en trois périodes. La première s'étend de l'antiquité à la fin du XVIIIe siècle ; c'est un temps d'exagérations, de merveilles et de fables, où le peu de notions utiles et estimables que l'on ait possédées procédait encore d'Hérodote, de Strabon et de Ptolémée, car rien n'égale l'incurie des Portugais, indignes successeurs des anciens, sur cette terre où ils ont trouvé leur ruine pour n'en avoir voulu tirer que des profits matériels Si l'on interroge ceux de leurs missionnaires qui ont écrit des relations et si on leur demande des renseignements positifs sur les régions dans lesquelles ils ont eu la faveur de vivre, ils répondent merveilles et miracles, racontant qu'il y a des montagnes d'argent, des lacs de bitume, et qu'une reine du Congo jetant ses filets dans une rivière en a retiré quatorze monstres moitié femmes et moitié poissons. Cette période de l'Afrique fabuleuse et primitive a son expression dans la carte du savant d'Anville sur laquelle à côté de grandes places blanches s'allongent quelques chaînes de montagnes indécises, quelques cours d'eau incertains, et se dressent presque autant de points d'interrogation que de légendes.

Mais Bruce se voue à la recherche des sources du Nil ; Houghton précède Mungo-Park dans les régions de la Haute-Gambie et du Niger ; Hornman s'élance dans ces profondes et sombres contrées du Soudan où il doit trouver la mort : une ère nouvelle s'ouvre pour l'Afrique, ère féconde que Clapperton et Lander ont fermée il y a trente ans en nous faisant connaître l'existence du Tsad et les embouchures du Niger.

À la suite de ces voyageurs, de leurs compagnons et de tant d'autres, dont la longue liste est connue, se présentent les explorateurs de la période actuelle, dont nous avons essayé de retracer les travaux en les montrant appliqués à rechercher les sources du Nil, à reconnaître les monts jetés sous l'équateur, à suivre les vallées du Haut-Zambèse, du Niger, du Shari. Ils sont partis munis des instruments de la science et nous ont rapporté des notions exactes et précises, propres à redresser nos erreurs en ce qui concerne la topographie de l'Afrique : le Sahara est un plateau entrecoupé de vallées et de montagnes, le Soudan est en partie le lit d'une ancienne mer. De l'autre côté de l'équateur s'étend une série de lacs, entre lesquels l'Uniamesi et le N'gami tiennent les premières places. Voilà pour les conquêtes géographiques. Elles sont considérables. Cependant il reste beaucoup à faire aux futurs explorateurs pour compléter la connaissance topographique de tout le continent. Sans parler des sources du Nil, dont nous approchons, mais sans encore les toucher, et de beaucoup de points obscurs dans les régions mêmes qui viennent d'être parcourues, il y a entre le 8e parallèle nord et le 10e parallèle sud environ une masse compacte dont le centre est entièrement inexploré. Sur sa lisière orientale se sont révélés les pics Kenia, Kilimandjaro, Amboloba ; à son rivage, du côté de l'Atlantique, viennent déboucher le Zaïre, le Couanza et dix autres grands fleuves, mais sans qu'on sache jusqu'où et dans quelle direction ces montagnes se prolongent, ni de quels sommets découlent ces fleuves. Si le Niam-niam, cet homme à queue dont l'existence a été l'objet de discussions très sérieuses, n'est pas un mythe, si la nature garde encore quelques échantillons ignorés des monstres qu'elle enfanta jadis dans ses convulsions, c'est dans cette zone inconnue, sous l'équateur africain, qu'il faut les aller chercher. C'est là, qu'aujourd'hui se trouve la dernière grande lacune de nos cartes d'Afrique.

Puis, quand le sentiment de curiosité qui nous promène à travers tous les recoins de notre domaine terrestre aura obtenu, même en Afrique, une entière satisfaction, quand nous aurons délimité et inscrit toutes les divisions topographiques de ce continent, après l'œuvre géographique viendra celle non moins considérable qui est réservée au commerce et à la civilisation : car, dans le vaste échange de services que les hommes sont appelés à se rendre en se mêlant d'une extrémité de la terre à l'autre, si l'Afrique promet à nos diverses industries des débouchés, et fournit, par la variété de ses produits, un aliment inépuisable à notre commerce, elle a droit en échange à ce que nous fassions de consciencieux efforts pour introduire au milieu des peuplades barbares qui l'habitent des éléments salutaires de morale et de civilisation. En Amérique et en Australie, les races européennes se sont établies dans les plus riches parties du sol après avoir anéanti ou refoulé les peuplades indigènes. Aujourd'hui il n'en saurait être de même, notre temps répugne à ces immolations d'une race à l'autre ; d'ailleurs les populations sont trop serrées et trop compactes dans les régions fertiles de l'Afrique pour que, en s'établissant sur leur territoire, on ne soit pas obligé de compter avec elles.

Mais ici se présente une question très grave et très controversée : les nègres sont-ils susceptibles de civilisation ? Si pour juger cette question on prenait pour exemples les peuplades anarchiques du Mozambique, du Congo, ou même Haïti, le principal lieu où les nègres, livrés à eux-mêmes, aient prétendu s'organiser à l'image des sociétés européennes, la décision ne se ferait pas attendre ; il serait seulement à craindre qu'elle ne fût pas juste. Les nègres du Congo et du Mozambique, ces malheureux dont le type est aussi hideux que leur moral est d'ordinaire perverti, ont été corrompus par le contact des Portugais et du rebut des Européens, aventuriers, négriers et matelots, qui s'en allaient leur enseigner tous les vices, leur donner le goût des boissons fortes, et les exciter, dans la pensée de faire prospérer le commerce des esclaves, à s'entre-déchirer et à se vendre les uns les autres. Quant à Haïti, il est vrai que cette île, depuis que la population noire s'y trouve livrée à elle-même, présente le spectacle d'une hideuse et sanglante parodie ; maïs il faut se rappeler que les nègres, comme de grands enfants, sont ce que l'éducation sait les faire : d'esclaves, ceux de Haïti sont devenus libres tout à coup ; ils ont joui sans préparation d'une liberté que leurs maîtres, en abusant de toutes les jouissances brutales, leur avaient eux-mêmes appris à confondre avec les dérèglements de la licence. Il s'est produit dans l'esprit de ces hommes, devenus subitement maîtres du sol qu'ils cultivaient en esclaves, une folle réaction qui dure encore contre les habitudes et les lourds devoirs imposés par l'esclavage. Il faut donc se détourner de ce spectacle affligeant sans en rien conclure contre les aptitudes de la race noire, et reporter les jeux, en Afrique même, à l'extrémité occidentale de la Guinée, vers cette cote des

Graines où la philanthropie des quakers de Pensylvanie a fondé les établissements du Libéria. Aujourd'hui ces établissements comptent trente-six années d'existence. Le but des fondateurs, outre le désir d'arrêter aux États-Unis l'accroissement des noirs, était d'étudier sur eux les résultats que peut produire une éducation libérale. Or la colonie a vu se développer d'année en année sa prospérité agricole et commerciale. Les délits commis par les noirs, qui seuls y obtiennent droit de cité, n'ont pas été graves ou fréquents. Ces hommes, originaires de tous les points de l'Afrique, sont parvenus par leur travail et leur persévérance, deux qualités dont leur race semble peu susceptible, à surmonter les difficultés que leur opposaient à la fois et le climat, qui n'est guère moins défavorable sur cette côte aux noirs venus de loin qu'aux blancs eux-mêmes, et l'intimité des tribus indigènes, hostiles d'abord à leur installation. Ces obstacles ont été patiemment surmontés, et la plupart des voisins du Libéria ont fini par subir les influences salutaires que leur apportaient ces pauvres nègres qu'avait expatriés l'esclavage, et que l'humanité et la civilisation rendaient affranchis à leur terre natale.

Toutefois jusqu'en 1847 le Libéria n'ayant jamais cessé de vivre sous la tutelle immédiate de l'Union américaine, sa prospérité n'avait encore rien de décisif, car elle pouvait être attribuée à la vigilante administration de la métropole ; mais depuis dix ans son indépendance a été proclamée, et il jouit d'un gouvernement entièrement composé d'hommes de couleur, sans que cette expérience ait nui à l'ordre et à la prospérité de la jeune colonie. Quelques hommes intelligents se sont manifestés au milieu des noirs nés et élevés en Afrique, si bien que le Libéria semble destiné à s'accroître et à prospérer lors même que les États-Unis cesseraient de lui envoyer des hommes et de l'argent. L'aspect de ce petit état, composé de noirs actifs qui s'efforcent de copier avec intelligence l'organisation des sociétés blanches, dont ils reconnaissent la supériorité, plaît à l'esprit et le repose au milieu du chaos et du dévergondage des sociétés africaines livrées à elles-mêmes.

Ainsi le nègre ne possède pas la force d'initiative et les instincts naturels qui ont permis aux autres hommes, jetés comme lui nus sur la terre, de se développer et de s'améliorer ; mais également facile aux bonnes et aux mauvaises impressions, d'un naturel en général doux et bienveillant, il se prête volontiers à l'éducation qu'on lui apporte. Les autres hommes peuvent jouer à leur gré auprès de lui le rôle de bon ou de mauvais génie : le nègre subit toutes les influences sans les discuter, avec une conscience en quelque sorte touchante de son infériorité. Cette infériorité, ses traditions la constatent ; elles sont pleines du lointain souvenir d'une malédiction divine. Au Mozambique, il y a une puissante peuplade, celle des A'Makuas, qui a accepté et naturalisé chez elle la légende biblique de Cham, le fils maudît de Noé. On y raconte que dans le principe les Africains étaient aussi blancs et aussi intelligents que les autres hommes ; mais un jour Muluku (le bon Dieu), s'étant enivré, tomba dans le chemin les vêtements en désordre : les Africains qui passaient le raillèrent de sa nudité ; les Européens au contraire eurent honte et pitié de l'état de Muluku ; ils cueillirent des feuilles et l'en couvrirent respectueusement pour que d'autres passants ne le vissent pas. Dieu punit les Africains en leur ôtant leur esprit et en leur donnant une peau noire. Et partout, au Congo, à la Guinée, dans l'intérieur, des traditions et des récits originaux nous montrent les Africains châtiés pour leur désobéissance ou leur révolte et condamnés à une condition abjecte. Muluku, maltraité, trahi par les hommes au milieu desquels il s'était présenté en bienfaiteur, se retire, laissant le monde livré à Mahoka, le mauvais principe. Les Hottentots, ces pauvres êtres si profondément déshérités de tous les biens de la nature, qui traînent une vie misérable sans souvenirs et sans espérances, racontent que leurs premiers parents, ayant offensé Gounja Ticquoa, le bon génie, ont été condamnés par lui avec leur postérité. Certes il y a quelque chose de profondément touchant dans cette résignation de toute une portion de la famille humaine qui connaît son infériorité, et qui l'accepte en châtiment d'une faute dont elle n'a qu'un lointain et vague souvenir.

L'éducation et le mélange, tels sont, d'après les démonstrations de l'expérience, les principaux moyens d'améliorer la race noire. Le mélange sera la conséquence naturelle de l'établissement des Européens en Afrique. Quant à l'éducation, il se pourra qu'elle prenne dans beaucoup d'états noirs une forme analogue à la tutelle que les États-Unis exercent sur le Libéria, ou qu'elle soit aidée par le concours des missionnaires ; mais, de quelque façon qu'elle procède, il ne faut pas s'attendre à lui voir produire de prompts résultats. En Afrique, il n'y a pas seulement des nègres, il y a de plus les Arabes, en général nomades et commerçants, les Berbères, dont M. Barth nous a montré dans le désert les turbulentes tribus, et les Fellani qui ont conquis en partie le Soudan. Or tous ces hommes, d'origine sémitique ou Malaisienne, sont actifs, belliqueux, avides de domination. C'est sous leur influence que se sont formés les sociétés et les états grossièrement ébauchés qui se partagent le Soudan ; ils y ont apporté ces rudiments d'industrie que MM. Baikie et Barth signalent dans les villes situées sur les bords du Binué, dans Agadès, dans Katsena, Kano, etc. ; à l'idolâtrie ils ont substitué l'islamisme, ce qui est un progrès ; enfin ils ont remplacé la barbarie complète par une civilisation relative. Les conquêtes qu'ils ont faites ainsi, il faut s'attendre à les leur voir défendre énergiquement contre les empiétements des Européens, et dans les luttes qui pourront un jour s'engager entre eux et nous, il faut bien reconnaître que nous aurons plus d'une cause d'infériorité : à savoir le climat, la distance et jusqu'à l'élévation de notre morale religieuse, qui choque profondément les habitudes des indigènes en interdisant la polygamie et l'esclavage.

Quelle que soit la période de temps nécessaire à la réalisation de ces lointaines espérances, les découvertes de nos voyageurs ont d'autres résultats lucratifs et immédiats, qui sont la juste récompense de leurs travaux et comme le paiement anticipé de l'assistance que prêtera l'Europe à l'Afrique.

L'heure est venue pour les nations commerçantes et industrieuses de planter leur drapeau sur les points qu'elles veulent exploiter dans le vaste marché que l'Afrique va leur offrir. L'Angleterre, qui les a toutes devancées, s'est fait une large part : les voies nouvelles que le Binué, le Niger et le Zambèze ouvrent dans l'intérieur de l'Afrique lui appartiennent ; elle a un consulat à Kukawa, elle a noué des relations avec Kano, Sokoto et toutes ces riches contrées du centre du Soudan qui produisent le coton, l'indigo, le sorgho, le sucre et tant d'autres denrées précieuses. Du Cap elle peut, grâce aux conquêtes de MM. Andersson, Livingstone et autres, étendre son influence sur les meilleures régions de l'Afrique australe.

Dans ce continent, la France doit aussi prendre sa part : nous possédons la terre fertile qui fut un des greniers de Rome, et vingt-huit ans de lutte et d'efforts ont reculé notre domination jusqu'aux limites du désert ; en outre nos couleurs flottent sur le Sénégal et plus loin, à l'embouchure de l'Assinie. Déjà le gouvernement a songé à relier Timbuktu à ces deux centres coloniaux. L'influence française portée en Égypte par la conquête s'y est maintenue à travers mille vicissitudes. Mehemet-Ali s'entourait d'ingénieurs et d'officiers français. C'est sous une direction en grande partie française que s'accomplissent les études qui doivent aboutir au percement de l'isthme de Suez, fait immense dont notre commerce plus que tout autre doit tirer profit. En effet, l'Abyssinie parcourue dans tous les sens par nos voyageurs, Mayotte, colonie récente, Madagascar destinée à redevenir française, Bourbon, dernier vestige de notre puissance dans les mers de l'Inde, ne seront plus, qu'à une courte distance de Marseille et de nos ports du midi. La France, voisine de l'Afrique, l'enserre à l'est, à l'ouest, au nord. Nous avons des points de départ heureusement choisis, des foyers d'où la civilisation, l'industrie, le commerce, tout ce qui fait la force et la grandeur des peuples peut rayonner jusque dans l'intérieur du continent. En un mot, nous sommes à même plus que personne de faire notre profit des découvertes que viennent d'accomplir ces hommes, missionnaires et voyageurs, qui ont confondu dans une œuvre commune leur nationalité, et dont la plupart ont payé de leur vie leurs pacifiques et glorieuses conquêtes.